建築的思想の遍歴

八束はじめインタビュー

目次

I 離陸に向けて：修行と師事

インタビュアー　金子祐介

I

離陸に向けて：修行と師事

01 ことはじめ

金子祐介　このインタビューでは、学生時代以来半世紀に及ぶ八束先生個人のキャリアを通して、日本の戦後建築史を概観していきたいと思います。最初にインタビュアーとしての私の問題意識を語っておきたいと思います。

昨今の建築史においては、「大文字の建築」は終わったというロジックに影響されてか、通史が描かれていないように思います。また、近年では、日本特有の造語が横行し、その造語が正史のトピックスとしての歴史書において語られることが多くなってきました。そのため、現代における思想をもっているかもしれない「建築」が、今までの建築史に位置づけられてきた「建築」とどのように連続しているのかが見えない状況になっています。

こうした日本の建築史が断片的な状況におかれている背景には、先にあげたように歴史をキーワードで読む建築史家が増えてきていることが理由としてあげられるように思います。また、モダニズムの作家・作品論に固執し、モダニズムと呼ばれ固定化されてしまった歴史から我々の生きている時代へと踏み出そうとしない、重箱の隅つつき的な建築史研究が増えていることも理由としてあげられるでしょう。たとえば、「ポスト・モダン」という用語を一つとっても、日本においてどのようなものとして引用され、どのような状況を生んだのかという史的説明はありません。権威ある建築学会においては、モダニズム以降の建築についての歴史的な議論は皆無に等しい状況です。まだ「ポスト・モダン」を語るには歴史的に時期尚早という人もいるでしょうし、そのような流行的現象論は扱うものではないという人が多いからです。こうした昨今の状況を俯瞰してみると、建築界で扱われたいろいろな歴史的現象が、その本質への理解を欠いたままに表層だけが漂い残っているのではないのかと懸念されます。

その背景には、読み手の知識量の低下ということもありますし、「売れるもの」を先行してつくろうとする出版界の問題も大きいと思います。ただ、このどうしようもない状況を憂いていてもしょうがないので、〃八束はじめ〃という「建築」に対して思想を投影したであろう人にお話を聞いてみることで、ここ数十年の日本の建築史界の思想的な状況の動向を俯瞰してみてみたいわけです。

八束はじめ　まずいっておきたいんだけれど、僕は、建築史を横断してきたわけでもないし、自分は建築史家でもないと思っているので、僕を通して建築の歴史を俯瞰してみても、偏った見方にしかならないと思いますよ。自分は終始アウトサイダーでしかなかったと思うし、大学を去った今では、狭義の意味での「建築」への関心をなくしつつあるくらいで。

――ただ、「歴史」とは、実際そうした偏ったものでしかなかったはずなのに、いつの間にか教科書体のようなものが生まれてしまっていることのほうが問題なのではないかと思っています。そのわかりきっているはずの事実を確認することも、今回の一つの隠れたテーマでもあります。

それでは、まず先生の学生時代のことから話を起こしてみましょうか。

東京大学都市工学科：真空状態の丹下研究室

八束　僕が大学に入った一九六七年から一九七〇年にかけての時期は、日本においては、建築だけではなく時代全体の一つの折れ目になっているわけです。先ほど戦後建築史といわれたけれども、厳密な意味での戦後建築史が終わったかどうかはともかく、またポストモダンへの転換かどうかはともかく、大きな転換点を迎えていたと思います。ただ同時期にそう見通していたはずもないし、建築に関してだけでも、当時はビギナーでしかなかった僕がトータルに話すことは難しい。東大紛争の只中で学生をしていたということは事実としてあります。批評家として若い頃から活躍した布野修司さんは学年では一つ下にあたり、同時期に大学に在籍していました。だから、一九六八年に関して「建築」を通して何か述べておかないといけないという感覚は共通しているかもしれない。

――布野先生も、磯崎新さんを比較題材として、自らの歩んだ足跡を振り返ってSNSで発信されておられます。「建築」特に建築史という理念的ないし概念的なものを語るにあたって、その「建築」という事件が起こった時代背景を抜きに語れない状況になってきているのかもしれません。前時代を知らない世代のためにも、こうした聞取りが必要だということです。

そこで、まずは都市工学科にいくきっかけからお聞かせいただければと思っています。現在、丹下健三先生やメタボリストが在籍していた東京大学の建築教育について学んでいる私ですら、一九六〇年代後半の東京大学における都市工学科と建築学科の違いというものがよくわかりません。当時の高校生であった先生がどう理解していたのか？　そして、なぜ都市工学科を選んだのかお聞かせください。

八束　いや、高校生の頃には何もわかっていませんでした。東京大学では専門を選ぶのは二年の半ばからですし、僕は最初は建築に興味がなかったので、大した話にはならない。父親が医者だったこともあり、医者にならなくてもいいから理系にいけといわれたので仕方なく理科I類に進んだくらいです。自主性はないのね。文学部にいきたかったなぁとは思っていたけど、じつに凡庸な一般学生でしたよ。だから、高校生のときに建築学科と都市工学科の違いなど知る由もなかったわけですが、二年生のときに始まった大学紛争で一年ブランクができた。紛争が終わって三年生に進学するにあたって進路を決めないといけなくなってきたので、文学部に一番近い理系の学科ということで、建築学科か都市工学科に進もうと思いました。ただ、進路は決めたものの、三年生に進級する単位数は足りていたにもかかわらず、その辺の学科に進むには点数がちょっぴり足りなかった。それをいいことにもう一年だけ駒場の教養課程にいるということで、文学部の講義ばかり聴講していました。典型的なモラトリアム。ただ、都市工学科の話じゃないけれど、この体験は僕にとって本当に重要だったから少し話させてください。

特に、当時の東京大学の教養学部には名物教授が多数在籍していたので、その先生たちの講義をずいぶん聞けたことは大きかった。今の世代の人が知っているかはわからないけど、小田島雄志先生の『シェイクスピア』講読とか、英文の由良君美先生の『曾我蕭白』論（要するに日本画のマニエリスム論）とか、独文の内垣啓一先生のペーター・ヴァイスの『マラー・サド』講読とか、美術史の前川誠郎先生の『ポントルモ』論（イタリア本家のマニエリスモ論で、その頃は翻訳がなかったヴァザーリの『列伝』の講読）とか、仏文の新倉俊一先生の中世フランス語（騎士道物語みたいなもの）とかまでね。半世紀経った今でも覚えているくらいだからインパクトがあったんだなぁ。今の東大にはこれだけの顔ぶれはいないでしょう。小田島さん以外は鬼籍に入られたけど、皆さんお名前はウィキペディアに載っていますね。それを見たら、「脱構築」という訳語は由良さんがつくったんだって。知らなかったな（笑）。磯崎さんのマニエリスム論以前に美術史の議論を知ったことも、大きかった。それと、大部分は原語購読だったから、そのおかげで第二外国語として取得していたドイツ語だけでなく、フランス語の文献もある程度読めるようになりました。こうした当時の体験が、その後の僕の仕事に大きく役立ったとは思います。

ちなみに、建築学科より都市工学科を選んだのは「丹下健三」という建築家が都市工学科にいたからでした。「世界のタンゲ」で、一般社会にも広く知られている有名人だったからね。さっきの文学部の先生方も含めてミーハーだといわれても仕方ないかもね（笑）。当時の建築学科の看板建築家は芦原義信先生だったんですが、当時の僕は芦原先生も知らなかった、それくらいの学生でした。都市工学科のほうが、少し成績が低くても入れたこともありましたね。

――都市工学と建築の違いについては？

八束　丹下先生の活動に対して、こういう都市計画をやる建築家がいるんだと思った程度。ただ、当時は「都市」が輝いて見えていたということはあります。ちなみに、「まちづくり」という、あまりに「現在」しかないから僕の好きではない言葉もまだなかったし。この言葉が出てきたのは博士課程の頃かな。「まちづくり」関係のテクストで「触れ合い」とかいわれると、生理的にもう耐えられなかった、理屈以前に。最初からあれを聞かされていたら都市じゃなくて建築のほうにいっていたろうね。

ただ、都市工学科に入ってみても、丹下先生は仕事が忙しくて大学にあまり来られないわけです。一学期で三回ほどしか来ない。僕は都市工学科の七回生なのだけど、丹下先生が都市工学科を立ち上げられたときの抱負や理念のようなものは雲散霧消していました。丹下先生と、丹下先生の師匠でもある高山英華先生の研究室生と共同で行っていた仕事のような話も、僕が進学した頃には全然なかった。丹下研究室は、真空状態なわけです。高山先生も退官されていたし……。東大紛争のあとだったから、廃墟に行ったときの感じそのものでした。何もないし教えてくれる先輩もほとんどいない。僕の一つ上には北原理雄さんという千葉大学の教授になった先輩が一人いただけでほかに誰もいない。助手の山田学さんはおられたけど……。豊川斎赫さんが書いているような縦の系譜としての丹下研究室というイメージは、もっと前の世代のものでしかなかったわけです。研究室には進んでみたものの、「何をやったらいいの」という感じでした。誰かにいわれないと何もできない、つねに待ちの姿勢というのは典型的なダメ学生だけれども、僕もそんなでしたね。

ちなみに、僕が経験した東大紛争は駒場のものでしたけど、本郷の騒然としていた雰囲気は知っていたし、ノンセクトだったけどノンポリティクスではないので、街頭デモに行ったことはある。すぐ前を走っていた学生が目の前で機動隊に捕まった光景を見たり――それが僕でも不思議でなかったわけだけど――催涙弾の味は知っています。とはいえ、僕自身は本郷の闘争を経験したわけではないので、ルサンチマンが残ったわけではない。本郷にいた人たち、特に都市工学科は、原子物理学や精神医学とともにその中心の一つでしたからね。物理学共闘のヘッドをやっていた人は、今でも在野の学者として有名な元東京大学闘争全共闘会議長の山本義隆さん。医共闘のヘッドが故今井澄さん。山本さんは頭はすごく切れたけどあんまり演説はうまくなくて、迫力はなかった。今井さんは落ちついて説得力のある話し方で感心しました。安田講堂籠城のトップをして逮捕されましたが、のちに地域医療の旗手みたいになった。都市工学科にはこうした名立たる中心人物がいなかったんですね。水俣闘争で名を馳せた故宇井純さんが助手でおられたけれども、衛生系だったので計画系だった僕とはあまり接点はないし。そのこともあって、闘争後は余計空っぽになってしまったわけです。

ただ、せっかく丹下研究室にいったのに、このまま丹下先生が辞められていなくなっては困る、ということで、修士一年の頃に設計演習の指導を申し込みました。了承していただいたので、グループでデザイン設計演習をやったんです。課題は君たちで設定せよというので、トルコのどこかの敷地で余暇基地をデザインするというのにした。とはいっても、やはり丹下先生は忙しいから、先生のご指名で代わりにきたのが磯崎新さんだった。磯崎さんのご自宅が当時御茶ノ水にあったということもありますが、あの頃の磯崎さんと丹下さんの師弟関係は絶対だから、磯崎さんが代理をすることになったわけです。

磯崎さんはそれ以前にも修士の演習に見えていました。槇文彦さんと同時に。この辺は丹下先生のご威光で、豪華版だった。どちらかを選ぶことになって僕は磯崎さんのほうを選んだんだけど、槇さんのスタジオのほうも関心はあって覗いていた。お二人は対照的で、槇さんは学生のやりたいことを実践的にこうやったらいいと丁寧な指導をされる。方向も統一的だったし。磯崎さんはそういうのはなくて、学生のやることということてんでんばらばら。それなのに磯崎さんは、何をいわれてもじつに格好よくコメントするんですよ。それはすごいと思った記憶はあります。

で、磯崎さんとはこの大学院での共同演習が二度目。あんまりうまくいった記憶はない。僕らの実力不足ですね。あるとき、関西の建築ミニコミ紙が磯崎さんの密着取材でやってきたんだけど、その記事が出たら馬鹿な学生たちが周りにたむろしていて……みたいな書かれ方だった（笑）。でもそういわれても仕方なかったかもね。修士課程にいても煮え切らなかった。さっきもいったように、モラトリアムですよ。その流れでずるずると博士課程に進んだわけですけど、当時の僕は研究をする気もないし、デザインをやりたいとは思うものの社会に出る気はない。情けない学生でした。

――丹下研究室は、学園紛争がなければ機能していたであろうということでしょうか？

八束　どうでしょうね。丹下先生は、一九六四年のオリンピックの仕事を受注するためにURTEC（ウルテック：丹下健三＋都市・建築設計研究所の略称）をつくるまでは研究室で仕事をすべて行っていたわけですが、それからはURTECと丹下研究室の二重体制になっていきます。都市計画とかコンペとかは丹下研究室で行い、建築の実施の仕事は事務所で行うというかたちだったみたい。大阪万博は、混成チームだったみたいですが、主として研究室でやっていたようです。だから、学園紛争がなければ、そういう体制は続いたと思いますね。ただ、国内の都市計画やもうちょっと大きい地域計画の仕事は高山研究室と行っていましたから、高山先生が退職され、単独の研究室になって国内の仕事もなくなり、その一方で海外での仕事が多くなったので研究室は真空状態になったわけです。

——話は少し戻りますけれど、真空状態の大学では何をされていたんですか？

八束　教養課程の頃は、自宅で遊んでいたノンポリとは異なり、学校には顔を出していました。学校に行ったら行ったでやることはある。クラス討論会とかデモとかね。そういう時代だから、指導する人もいないので、ほかの人と同様にマルクスとかレーニンの文献などを読んでいました。あの時代の学生たちの基礎文献ですよ。大学院では、何もやることはないから教養として歴史でも勉強するかということで、一人で研究室にあった蔵書などで都市史を勉強し始めたんですね。内田祥文さんや丹下先生が、戦後すぐにやっていたアーバンデザインの歴史の研究みたいなこと。彼らもその研究をしていたことを知ったのは、もっとずっとあとのことですけど、そういう文献が丹下研究室には残っていた。それらを英語も含め読み始めたんです。覚えているのはエルヴィン・ガトキンドの壮大な都市史。八巻本の"International History of City Development"。全部読んだかどうかは覚えていないけど……。あとブレジラーから出ていたアーバンデザインの歴史のシリーズとかね。のちに翻訳が出て、彦坂裕さんも一つやっていますけど。ルイス・マンフォードも読んだけど、あんまり僕の好みじゃなかった。今また読み直してますけどね。同年代の三宅理一さんや布野修司さん、杉本俊太さんなどは、建築学科でそうした研究会をやりながら「雛芥子」というチームをつくって、黒テントなどのアングラ演劇にコミットしていたみたいね。でも彼らと違って、僕には一緒にそれをやる仲間もいなかった。ま、遅れていたんだね、彼らより。

　僕が研究室に進級した当初は、丹下・大谷研究室。当時は講座制だから教授と助教授、助手で構成されているの。助手はさっきいった山田学さんだったけど、僕は彼がやっていたアルゴリズミックなアプローチを全然理解していなかったというか、興味ももてなかった。山田さんも教えようとはしなかったけど、もったいないことだった。

今、『汎計画学』（東京大学出版会、二〇二一）の第二部としてアメリカの戦後の計画のことを調べているのですけれど、核戦争の防衛シミュレーションから始まるコンピュータの用法がマシーンの開発とともに都市政策や地域開発の計画に導入されていくんですよ。丹下先生はMIT（Massachusetts Insitute of Technology）でそれを見てきたはずだし、山田さんのお仕事はそれに連なっていたはずです。

大谷研究室：保存運動ことはじめ

——大谷研究室では、どのようなことを研究されていましたか？

八束　大谷研究室では、丹下先生がいた頃の研究室とは異なり、デザインのことはやらなくなっていました。先生は、デザインはご自分の事務所で行っていた。夏休みに事務所に伺ったら、自らつくられた粘土模型を見せて嬉しそうに説明してくれるの。大学で見たことがない表情だったのが印象的。やっぱり、デザイナーなんだなぁ、と思った。大学でやると丹下先生の仕事との区分が面倒だ、というのもあって遠慮されたのかもしれない。

研究室でやっていたのは街並み保存。僕以外に修士の学生として大谷研究室に所属していた人が三人いて、彼らは大谷先生の指導のもとで川越の街並み保存をやっていました。ただ、大谷先生の考えている街並み保存とは、単なる景観保存というだけではなく、都市の構造や環境の組織という点からのアプローチなんですね。「組成、組織、構造」という三元論で組み立てられるこの考え方は、「覚え書 URBANICS試論」という理論になっていますが、簡単にいうと都市の建築やオープンスペースの空間組織を生活環境を担保するためのものとして考える、という方法論。先生が大学に戻られるので講義録として準備されたもので、メタボリストたちの理論と並んであの時代の重要な理論的な貢献だと思う。最初は「麹町計画」が雑誌に発表されたときに一緒に発表されたけど（『建築』一九六一年九月号）、のちに先生の退官記念論集（『大谷幸夫 建築・都市論集』勁草書房、一九八六）に収録された。結構、チーム・テンなんかに近いと思う。この間話していたら、布野修司さんもあの頃の大谷先生の仕事には影響されたというので、あぁ、そうかと思いましたけど。メタボリストの中でも大髙さんとか槇さんとかはチーム・テン寄りだから、大谷先生はその部分でメタボリストの同時代人ですね。それを保存論に応用していた。

ちなみに、この研究室の活動を続けて川越の権威になったのが、僕の同期の福川裕一さん。建築学会賞も取りましたね。大谷先生の後任で千葉大学に着任し、名誉教授にもなった。彼の活動はすごいと思いますが、僕は保存には興味がもてなかった。学生だった当時は、彼も含め同級生には、壊す論理がない保存なんてあり得ない、とか憎まれ口を叩いていました。その言葉は今でも間違いだと思っていません。伝統的に日本にあった街並みに住んでいる人が、自分の家を保存していくために運動することはもちろん間違っていない。たとえば、丹下研究室の先輩にあたる吉島忠男さんのような方は、飛騨高山の文化財、吉島家に住んでいるので別ですけど、その場所に住んでいない人が街並みを保存せよというのは、どうなのかと思います。住人の生活をフィックスしてしまうわけですからね。これは価値のある建築だから我慢せよという話は乱暴だと思うんですよ。だから、壊していいものと壊してはいけないものを区別して理屈づけしないのはおかしいと称して、僕は川越の保存運動にはコミットしなかった。単体じゃなくて地域に必要な環境の保全というなら、地域や自治体がその「犠牲」を補填するところまでいかなくてはいけないと思うけど。

——当時の書籍を読み返すと、保存運動はある種の右翼によるもっとも保守主義的な活動と評されている記事が多かったという印象です。私が、そうした旧秩序を維持する人々としての右派を称賛する書籍を目にする機会が多かっただけなのかもしれませんが、客観的に見ていると左翼的な運動のようにも見えます。実際、保存運動をしている建築家の研究室に在籍してみて、どうお感じになっていたかお聞かせください。

八束　右翼的な景観保存とかは戦前でしょう、さすがに。この時期には左翼が保存派になったんですよ、右翼じゃなくて。当時の僕がそこまで考えていたわけではないですけど、左翼が一九六〇年と一九七〇年の二度敗北し、それ以降は運動そのものがなくなるわけです。その中で、保存派へと転じるしかなくなった。左翼的には抵抗といったほうがいいかもしれないけど……。典型的ないき方としては、『SD』（鹿島出版会、一九六五〜二〇〇〇）の編集長だった平良敬一さんの仕事を見るとよくわかる。彼の『造景』（建築資料研究社、一九九六〜）という雑誌は、資本が都市や景観、環境を破壊していくから民衆の立場としてそれに抵抗しなくてはならないというスタンスに立っていた。大谷先生にも市民の抵抗を擁護するという意識があって、平良さんと思想的に通じていたと思う。「都市の抵抗線の構築」というかね。布野さんのアジアの都市への傾斜も基本的には同じスタンスでしょう。

——大谷先生は、メタボリズムではなく五期会の活動を選び、資本主義的な方向へは進まなかったわけですが、川越に市民の抵抗という思想の目を向けた目的はなんだったんでしょうか？　また、当時学生だった人たちは、どのような理想をもって大谷先生の思想についていったのでしょうか？

八束　僕以外の学生は先生にいわれた通りに動いていたんじゃないか

な。僕はへそ曲がりだからね。先生のことは尊敬していてもその通りにはついていかなかった。大谷先生は、初期に丹下研究室から独立したにもかかわらず、丹下先生の後継者としてその研究室を継承したわけです。「東京計画1960」にも関わっていない。しかし、大谷先生はこのプロジェクトを見て、丹下先生は中小企業の人たちのことをどう思っているのかな？ ともらしたという伝説があります。「東京計画1960」には、平準化されたサラリーマンではない、新しい知識労働者というエリートたちのための都市というニュアンスがあったので、たしかに中小企業の人々の居場所はないかもねと思いました。だから、大谷先生のような倫理観の持ち主なら、そういう意見だろうなと思います。

とはいえ、さっきいったように「覚え書 URBANICS 試論」や「麹町計画」は、先に話した福川さんだけでなく僕にも影響はあった。全然立場も興味も違う二人がすごいと思ったわけね。ただ、それと川越の連続性というのは今いち合点がいかなかった。意義がないとは思わないですけどね。僕は、デザインにせよ考え方にせよ、仕事のうえでは大谷先生の直系とはいえないですけど、先生のものの考え方や倫理に関してはとても影響を受け、リスペクトはしていました。たとえば、一方向からだけで物を見てはいけない。別の方向からも必ず見るべきだというような教訓は今でも心に残っていますし、学生にもいっていました。もちろん、自分の中ではそれなりの咀嚼はしているつもりですけどね。

「保存」についてもう少しいっておきたいんだけど、ある時期から「保存」という言葉には批判がましいことをいえないような風潮ができてしまった。たとえば、前川國男さんの《神奈川県立音楽堂》の取壊し問題でシンポジウムがありました。場所は当の県立音楽堂で、いつだったかは正確に思い出せないけれど、九〇年代でしょう。そのシンポジウムに登壇すべく呼ばれたゲストは、黒川紀章さん、それに『新建築』の馬場璋造編集長、前川事務所ＯＢということで構造の木村俊彦さん、それに建築史の鈴木博之さんと僕でした。黒川さんは「取壊し＝建直し」派。絶対守らなくてはいけない、というのは博之さん。アンビバレントだったのが木村さんと僕。木村さんは実際に音楽堂の設計を担当していました。あれを残すには新耐震基準に沿うような筋交いとかが必要になるわけです。僕は、このシンポジウムの時点ですでに前川さんはお亡くなりになっていたけど、前川先生がそこまでしてこの建築を残したいと思っているかどうかわからないといったら、博之さんにそんな根性じゃ建築は残せないと一喝されました。僕は家が近かったし、コンサートゴアーだったからあの音楽堂にはいろいろと思い出はあるんです。だから、そこに筋交いとか出てくるのは全然嬉しくない。今行ってもそう感じます。そのときにも、保存原理主義者とは話は通じないなぁと思った記憶があります。木村先生は、僕の意見に同調的だったように感じました。

――こうした保存に対する捻れた思想が、現在においても矮小化されて保存運動を牽引してしまっているように思います。一九六八年以降の保存運動の流れの中で思想と実践の往還が消え、「保存はすべきものだ」という合言葉だけが宙に浮いているように思いますね。その一方で、黒川さんに代表されるようなメタボリズム運動があるわけですけど、先生が学生時代だった頃に進歩的なものとして捉えられていた活動をどう見ていたのかについてもお聞かせください。

「未来」意識の転換

八束　今度は保存とは逆に未来を見た話ですね。大阪万博が開かれたのは、僕が大学二年生の頃。学園紛争のあと、大学の中でブラブラしていた時期でしょうか。当時、アルバイトをしていた家庭教師先の親御さんがお金を出してくれて、三日間会場に足を運びました。ただ当時は建築をやろうと考えていたわけでもないので、一般客と同じ目線でしか万博を見ていなかった。さすがにアメリカ館に置かれた月の石に四時間もかけて並ぶほどのミーハーさはなかったけど。なので、僕は今でこそ黒川さんの《東芝IHI館》をメタボリズムを代表する傑作だと思っていますが、当時見た記憶がないんです。ほかにもお祭り広場や、そこで動いていた磯崎さんが担当したデメとデクというロボットも見たのかもしれないけど、憶えていない。真にもったいないことだけど、仕方がない。駒場から本郷にいくのが一年遅れなかったら、万博体験もずいぶん違ったかもしれないね。

ということで、万博をのこのこ見に行ったけど、印象的だったのは、キャンパスの中の状況と外では風景が全く違ったということ。キャンパスの中では、僕の目の前にコンクリートブロックが屋上から落ちてくるのを経験しているんですよ。頭にぶつかったら死んでいたかもしれない。革命ゴッコと揶揄されたけどね。そういう体験もあったので、いくら脳天気な一般学生といえども、大阪万博のテーマであった「人類の進歩と調和」といわれてもアンビバレントな思いはありましたね。

とはいえ、学園闘争が沈静化し、万博が終わり僕が専門に進んでも、世の中ではそのキャンパスの外の楽観的なムードがしばらくは続いていたわけだから、僕もメタボリズム風の未来都市への憧憬のようなものに影響されなかったわけではない。メタボリストたちが『新建築』などの雑誌で座談会をしていたことも同時期的に記憶しています。メタボリズムの最後のフェーズね。芝浦にいってからですが、環境学の尾島俊雄さんにインタビューした際に、尾島先生が不動産業をされていた父上の話を引合いに出し、「東京計画1960」を丹下先生が週刊誌に発表した際に、不動産屋としてはこれからの東京はこうなるんだと思ったといっていた、と時代を回顧されていましたけど、社会の空気はそうした目で丹下先生やメタボリズムのような建築家の活動を捉えていたんですよ。学生としての僕も例外ではなかった。学園闘争に完全にコミットしきれなかったこととも関わっているんでしょうね。

　そうした右肩上がりの建築業界の空気感は、オイルショックでメタボリズムとともに雲散霧消します。丹下先生がちょうど定年になった頃のことですね。その空気感はすごくよく憶えています。ただ、僕は結局、メタボリストに対して過度に楽観的な未来主義という批判はどこか違うのではないのかと思っていました。そもそも一九六〇年のメタボリズムの打上げパンフで、川添さんは「建築の滅亡」みたいな暗いテクストを書いていたわけだし。黒川さんの言動がメタボリズム運動の前面に出てきているので、そういう意見が出てくるのかもしれないけれども、保守派と結託した体制派の運動とだけは思っていませんでした。この辺も僕がへそ曲がりだったからかもしれない。

——黒川さんには、大学院生時代にチャールズ・ジェンクス『現代建築講義』（原書、一九七三／彰国社、一九七六）の翻訳の関係でお会いになっていると思いますが、そのときの黒川さんの印象についてお聞かせください。黒川さんは、一九六〇年に日本で行われた世界デザイン会議に先駆けて、ソビエト連邦共和国（現在のロシア）のような社会主義国を巡り、先に先生がおっしゃったような「楽観的な未来主義」だけではない都市の未来像の可能性についても体験していたと思います。また、西山夘三先生の薫陶を受けているわけですから、商業主義的な未来を手放しでよしとしていたわけではないようにも思いますが、どんな人物だったのでしょうか。

八束　黒川さんは、僕の学生時代は昇竜のごときというか、じつに華々しい活躍をされていたわけ。『行動建築論』（彰国社、一九七九）が一週間で売れ切れたとかいう時代。やさしい本ではないのにね。一般週刊誌でもしょっちゅう取り上げられていた。そうなると、どうしても楽観主義的になるのは仕方ないかなとは思います。西山さんの薫陶をどう受け止めていたかは知りませんが、与党系の政治家とはつながっていたから京大勢からはよく思われていなかったんじゃないかな。メタボリズム・グループの中でも、大高正人さんや槇さんとはうまくいっていなかったでしょう。川添登さんが例外で、菊竹清訓さんはまずまず中立、くらいの話じゃない？　でも、初期の黒川さんは、実施の仕事がないから仮説的な理論やプロジェクトを打ち上げていた。あれは今でも結構すごいと思う。量的にもじつに旺盛な仕事ぶりだし。

　話は戻るけど、ジェンクスの本の翻訳は、彰国社からもちこまれた話です。当時、僕が『建築文化』の連載「近代の呪縛に放て」（後出）に関わっていたからでしょう。黒川さんは忙しいから誰か手伝ってくれる人がいないか、みたいなことだったと思うけれども、本をもらって読んでみたら面白くて、実際に黒川さんにお会いしたときにはほとんど翻訳が終わっていた。それで一章ずつ黒川さんが読んで変更提案とかされて、最終訳稿にもっていった。黒川さんサイドで翻訳されたのは図版のキャプションだけで、本は黒川さん単独名で出たから、僕の周りではそれは酷くないかみたいないわれ方をしていたけれど、最初からそういう約束だったし、全部やってしまったのは僕の勝手なわけで。そもそも天下の黒川さんと無名の大学院生が併記されるはずもないから、酷いとか全然思わなかった。むしろ話の合間に昔話をいろいろと聞けて、たとえば、チーム・テンの会合に呼ばれたらスミッソン夫妻がスターリングのもってきた模型を踏んで壊した、とか、メタボリストの先輩たちには箸の上げ下ろしまでいろいろいわれた、とか、相手が学生だから黒川さんも気楽に話されたんだろうけど、僕はむしろとても得した気分でした。話し方もとても丁寧で「上から目線」という感じは全くなかったしね。彼の外向きの言動のせいだろうけど、当時の生意気な学生たち（特に建築学科の）には黒川さんへの反発はたしかにあった。彼にだけ「さん」をつけないで「黒川」って呼び捨てでいうんだよ。今だと安藤さんにつけない人がいるけどね。僕はご両者ともちゃんと「さん」づけです。

――同時期の建築や都市を考えるうえでのトピックスの一つとして、黒川さんも関わられていた日本未来学会ないし、彼らの思想の背景にあった未来学というものがありました。八束先生が研究室をもたれていた際にも、その未来学を捩って「逆未来学」といった研究を行うほど影響があった事象だと思うのですが、リアルタイムで未来学というものをどのように見ていたのでしょうか。

八束　日本未来学会というのは、万博の企画別働隊でもあって川添さんも入っていたし、メタボリストとも近かったわけですが、リアルタイムにはほとんど知らなかったと思います。その会が立ち上がってさして間もない、オイルショック後の一九七二年か一九七三年に出版された流行語辞典に、未来学というのはバラ色の未来を標榜していたけれど、バラ色の未来などいまや死語だ、と書かれていた。立ち上がってあっという間に廃墟になってしまったというような冷笑的な書かれ方。

その頃に『終末から』（筑摩書房、一九七三～七五）という、野坂昭如らが編集顧問をしていた雑誌が出ているんですよ。僕はわりと最近、古本屋でバックナンバーを全部買いました。井上ひさしの『吉里吉里人』（新潮社、一九八一）が最初に連載されたのもこの雑誌で、大物左翼文化人が登壇しているわけですね。ただ、注目すべきは巻末で、一般の大学生や高校生の投書がたくさん載っている。一九七二年くらいのときに高校生だから、僕より下の世代です。それが、若い人たちなのになんでこんなに暗いの？　というくらいものすごく暗い投書。その背景には、一つには公害問題があるとは思う。当時は最近亡くなった石牟礼道子さんのような運動家もいましたし、レイチェル・カーソンの『沈黙の春』（原書、一九六二／新潮社、一九六四）のような本が出ていた。そうした人々の言論を読んでいた学生が、日本はあと一〇年くらいしたら死に絶えるんじゃないのか、という感じで『終末から』に投稿しているんですね。ちなみに、当時の日本においてインテリと呼ばれている人は皆さん左翼。右翼知識人というのはいなくて、いても「エセ知識人」扱い。要するに、オプティミスティックな存在はダメな知識人と評され、ペシミスティックな人々が高級な知識人として評価されていました。当時の学生もその風潮に右倣えをしていたわけです。

02 近代の呪縛？

宴のあとに

——大阪万博が終わり、建築界の状況がどのように変わって見えたのか、また社会と建築の関係が、どのように八束先生の目には映っていたのか、とかをお聞かせください。特に、一九七一年から磯崎アトリエに入所される一九七八年までの間における建築界のトピックスについて伺いたいと思っています。大学をお辞めになったあと、すぐに入所されたのでしょうか？

八束　僕は学部に五年、修士に三年いてモラトリアムやっていて、博士課程も論文を書くでもないままに三年いただけで、書くつもりもなかったから、もう切上げ時期と思ってその後に磯崎アトリエにいきました。

——たとえば、一九七一年にニクソンショック、一九七三年に第一次オイルショックが起こりました。建築界の状況は、こうしたエネルギーの変革を外的に迫られたことも相まってか、ポスト・モダン建築論が横行します。その流れは、竹山実さんの訳本として『ポスト・モダニズムの建築言語』（チャールズ・ジェンクス、『a+u』一九七八年一〇月臨時増刊号、エー・アンド・ユー）が出版され、建築のムーヴメントとなりました。もちろん、一九七八年のこの特集を待たずとも、石井和紘さんを始めとして数名の建築家が、このジェンクスに先駆けて、アメリカ建築界における「草の根」と呼ばれるような存在であったチャールズ・ムーアやローレンス・ハルプリンなどの紹介を通して、アメリカ型のポスト・モダン論を日本へ紹介していたわけです。こうした状況を八束先生はどのように見ていたのか伺いたいと思います。

まずは、一九七〇年代という時代背景についてお聞かせいただきたいと思います。一九七〇年代という時代は、一九五六年の『経済白書』にあるような「もはや戦後ではない」という言葉が実現していった時代であったと思います。いいかえると、一九五六年近辺はあくまでもスローガンが先走っていた時代でしたが、一九六八年以降、日本経済の国際化が進み、本当の意味で日本の経済がテイクオフをして右肩上がりで進んでいた時代だということです。当時を生きていた先生の目には、社会の状況はどのように映っていたのでしょうか？

八束 「テイクオフ」という用語は、丹下健三先生も好んで使っていたウォルト・ホイットマン・ロストウの言葉で、経済が上がっていくときに使いますよね。でも、一九七三年には、日本の経済はガタンと落ち込んでしまった。

――一般的には、一九七三年のオイルショックのせいで日本経済は下降したと思われているわけですけど、自家用車の保有台数など物の消費という観点から経済を眺めてみると、日本の経済は一九七九年の第二次オイルショックまではそれほど落ち込んでいなかった……。というように時代を読み解き直すこともできるわけです。ですので、時代の当事者から見て本当に経済は落ち込んでいたのか？　特に建築界においてオイルショックの影響はあったのか？　ということをお聞きしたいと思いました。もちろん、当時、先生は建築を学ぶ一学生だったので、建築業界の話はわからないと思いますが、学生の立場からで結構ですので、どのように一九七〇年代当時という時代を見ていたのかお聞かせください。

八束 一九七三年は、丹下先生が定年になった前年です。僕が大学院に進んだ年で、先にいったようにモラトリアムをやっていた。そういうこともあってか、今の建築系の大学生には考えられないことかもしれないけど、このまま外に出たら潰される、と思っていたわけ。これは僕だけに限らず、当時の学生はみんな思っていたことで、大学という場所はいろいろな意味で「外部」と遮断された別天地になっていた。ちなみに、ここでいうところの「外部」とは、「資本の支配したロクでもない社会」のことで、そこに入っていくととんでもない目に会うんじゃないかと恐怖感をもっていたんですよ、今から見れば笑い草なんだけど。ゼネコンの設計部にいくと何年間も便所の目地割りばかり描かされる、とかね。

「トータルな人格としての建築家」、という自らが憧れとしてもっていた建築家のイメージにはほど遠い逆幻想があったわけ。しかも、奨学金はもらっているものの親の脛をかじっているわけだから、実際の経済がオイルショックになっても関係ない。ニュースでは、オイルショックになって石油製品が高騰したと連日のニュースで報道されても、僕がトイレットペーパーを買いに行くわけではないから、経済と連動した社会の動向に対する実感はなかった。つまり、メディアを通してしか社会の像を知らない。酷いものだね、今から考えると。脛かじりのペシミズムなんて笑うしかないでしょ。そんな状況の中で、僕の周りにいた人々の空気感としては、万博やメタボリズム運動に対しての失望感になっていった。最初のインタビューで話した『終末から』の雰囲気につながっているわけですね。

都市というコンテクストを巡って

——そうした時代背景の中で、先生は修士論文を書き上げるわけですが、どのような内容について書かれたのでしょうか？　研究対象は、ロバート・ヴェンチューリだったとお伺いしましたが。

八束　磯崎さんの「建築の解体」が美術出版の『美術手帖』に連載されていて（一九六九年一二月～一九七三年一一月）、その中でヴェンチューリが紹介されていた（「現代マニエリスムとしての混成品建築」）ことが、論文を書くきっかけの一つでした。それと、『建築の複合と対立』（原書、一九六六／邦訳、一九六九）の翻訳が美術出版から出ていました。『SD』の編集長だった伊藤公文さんの翻訳した、今出版されているものではなく、この最初の翻訳本を読んだりもしていました。もちろん、『a+u』のヴェンチューリの最初の特集（一九七一年一〇月号）も読んだり、ほかにも英語の文献も読み始めていたので、海外の雑誌に掲載されたヴェンチューリの論考や作品が掲載されている向こうの雑誌にも目を通しました。“Learning from Las Vegas”（MIT Press, 1972）も出版されていて、邦訳本とはまるで違うきれいな装丁の大型本でした。最近、またあの装丁で復刻されたと聞きましたが……。その前に‘A Significance for A&P Parking Lots’というタイトルで“Architectural Forum”誌に載っていたものも読んでいた。最近になって知ったのですが、あの当時はジョンソン大統領の夫人（レディ・バード）が、コマーシャルな広告などで汚染された景観をなんとかすべきだみたいなキャンペーンを張ったんですね。ヴェンチューリたちの仕事は、それへのアンチだったんじゃないかな？

——ヴェンチューリの「ラスベガス（Learning from Las Vegas）」のような論考は、建築計画学的な設計論を重視している当時の日本の建築界ではなかなか「建築」として扱われなかったように思うのですが、実際はどうだったのでしょうか？　先生がヴェンチューリの書籍を読まれてどう思ったかも含めお聞かせください。

八束　六〇年代から都市論は日本でもずいぶん書かれたから、『ラスベガス』も十分受ける素地はあったでしょう。ただ当時は、『建築の複合と対立』の翻訳は出ていたものの『ラスベガス』の翻訳（石井和紘＋伊藤公文訳、鹿島出版会、一九七八）はまだ出ていなかったから、どの程度読まれていたかね？　それでも、当時の建築界には結構影響力はあったと思う。紹介記事もずいぶんあったし。『a+u』の特集に掲載された初期の作品群も面白かったし、日本も景気の後退で小住宅が作品の中心に変わっていった時期だから、若い建築家たちにも受けたんじゃないかな。

　ヴェンチューリは、ルイス・カーンのあとのアメリカの建築界を担うべき建築家としてチャールズ・ムーアとともに注目されていました。二人ともポレミックな文章を書いていたということもあるでしょう。それ以前のチーム・テンとかメタボリストの文章とはまるで違っていた。アメリカ的というか、ある種ポップな都市論あるいは文明論というかたちをとっていたし、それが僕には面白かった。スミッソンなんかもアメリカの消費文化を肯定的に見ていたけど、もっと生真面目であのいう軽さはない。のちに〝ポスト・モダン（欧米）〟というかたちで一律に評価というかレッテルを貼られてしまうけれど、レッテルを貼っちゃうと途端につまらなくなる。それに沿った受取り方しかできなくなるから。

　ヴェンチューリには、マニエリスティックな建築作法という部分と、都市論ひいては文化論につながっていく部分とがあって、後者はアメリカの消費社会に結んでいくのだけど、建築を単体の作品として捉えるのではなく、そうした消費社会の中で捉えることで文明批評になっていたことが面白かった。ただ、僕の論文自体のできはよくなかったはず。何を書いたか覚えていないし、都市工学科の図書館にも残っていないらしいけど、それはよかった、誰も発掘したりしないでほしい。ひょっとしたら僕が持って帰ってしまったのかも（笑）。

――こうした新しい建築および都市論について学ぶ研究会は、同じ磯崎事務所に在籍することになる菊池誠先生たちと行っていたかと思いますが、いつ頃からスタートしたのでしょうか？

八束　前にいった都市工でのスタジオよりあとですが、磯崎さんが東京大学の建築学科に非常勤として“Oppositions”の輪読をしていて、博士課程だった僕も軽い気持ちで参加しました。磯崎さんを知っていたからというのもあったでしょうが。菊池誠さんなど香山研究室の面々と、大谷研究室の後輩にあたる彦坂裕さんが参加していたと思う。そこからその後の勉強会に発展して、磯崎アトリエに入ってからも続いた。顔ぶれも、小林克弘さんとか片木篤さんとか岸田省吾さんとか、もっと若くてたぶんあとからでしょうけど青木淳さんとか。……まぁ、流れで集まったという感じでしたけど、結果としては、ここで出会った人たちとは長い付合いになりました。

──この研究会が発端になってなのか、ある時期から建築および都市の「文脈」という言葉を多用されますね。これは、建築というものを通して一つの「文脈」をつくれると思ったからでしょうか？

八束 僕が編訳者をやったアンソロジー本（『建築の文脈　都市の文脈──現代をうごかす新たな潮流』彰国社、一九七九）の題名に使っていましたね。当時「コンテクスチュアリズム」と呼ばれたりして、特にアメリカにおいては、モダニズム批判の言葉として多用された概念ですね。モダニズムは、脱コンテクストだから都市の景観のようなものを形成していくロジックがない。そうではなく、都市をつくってきたロジックやタイポロジーを個々の建築に適応していかなくてはいけないというのが、ヨーロッパのアルド・ロッシやアメリカのロバート・ヴェンチューリの議論だったんですね。そういう話を自分の中で広げて使っていたわけです。

──「コンテクスト」および「コンテクスチュアリズム」という概念は、ポスト・モダン論とともに輸入されたものだと思います。そうした海外のポスト・モダニストが使ってきた言葉を援用した先生の書籍があってのことかもしれませんが、八束先生は「ポストモダニズムの旗手」として後続の世代に位置づけられてきました。

八束 僕は、あくまでも「モダニズムの拡張」として「コンテクスト」という言葉を使っていたわけですよ。その解釈次第だと思うけれど、僕は自分をポストモダニストだと思ったことは原則的にない。

──日本人は、「ポスト・モダニズムの建築」というと、石井和紘さん的な「浮かれ騒ぎ」としてしか見てとれない建築や、渡辺豊和さん的な「スピリチュアルな建築」を想起してしまいます。

また、「コンテクスト」という思想も誤解を招いているように思います。日本では、「コンテクスト」という概念は、インターナショナリズムを志向した二〇世紀前半への批判的勢力としてリージョナリズムの一翼を担う保存運動に依拠した概念として導入されてしまった。特に、一九八〇年代に流行した鈴木博之先生の「ゲニウス・ロキ（地霊）」などといった言葉の潮流をつくったのでしょう。ここにも翻訳の力学が働いているように思うのですが、実際はどうだったのでしょうか？

八束 日本において「コンテクスチュアリズム」を志向した人々は、保存系の人々だけではなくて、都市住宅派の人々も、前世代の「丹下＝メタボリスト」の仕事に代表されるようなユニバーサルなかたちでの理論とは異なる建築をつくるためのバックボーンとして認識していたんじゃないかな。ふつうに街並みとの連続性を守れという意味で「コンテクスト」とかもちだしても大したことはない。けれど、既存の環境はダメだというル・コルビュジエ以来のテーゼを「丹下＝メタボリスト」はひきずっているわけですよ。大規模外科手術しかないと……。ヴェンチューリはそれに対して「既存の環境に学ぶことは革命的である」といった。反コルビュジエのテーゼですね、アイロニーをともなった。

これと同じように、日本の「丹下＝メタボリスト」の次の世代に位置する都市住宅派は、日本の都市空間をもっと等身大の目線で捉え直すことをしていった。『都市住宅』での植田実さんの「水辺空間」の特集や、真壁智治さんの「アーバン・フロッタージュ」の実践もその一つでしょう。たとえば、富永譲さんも「インダストリアル・ヴァナキュラー」という言葉を用いたけれども、アルミとかガルバリウムのような軽い素材を使って、ある種のヴァナキュラーな外部コンテクストを呼び込んだりすることを通して建築、特に住宅を考えたというように、革命的かどうかは別にして、ヴェンチューリは日本の若い建築家たちに既存のコンテクストを読み込むことを教えたと思う。

「近代の呪縛に放て」

——雑誌や関連書籍での執筆活動はそれ以前から、すでに院生時代からスタートしていたわけですね？

八束　そうね。いずれにせよ七〇年代の半ばです。博士課程に進んでから。『建築文化』の連載「近代の呪縛に放て」絡みだったのかな？　これまでも名前が出ている伊東豊雄さんとか富永譲さん、布野修司さんとかの付合いがこれで始まったし。

——「近代の呪縛に放て」のメンバーは、意図的に集められたという感じがしましたが、どのように始まったのでしょうか？

八束　『建築文化』には、田尻裕彦さんという編集長と野崎正之さんという編集者がいて、野崎さんは亡くなりましたけど、当時の建築ジャーナリズムの三悪とかいわれていた猛者でね。「悪」といっても別に行状が悪かったわけじゃなくて、すごく熱心だった。まぁヤンチャだったけど。彼らが新しい企画をやろうという話になって、最初に声がかかったのが、のちに武蔵野美術大学の学長をやられた建築史家の長尾重武さんと、千葉大学の教授になった北原理雄さん。北原さんは、当時集合住宅についての翻訳をいろいろされていました。この二人が中心になって、各々が在籍していた建築学科と都市工学科から出身者を含めて人材を集めた。長尾さんが、伊東さん、富永さん、布野さんに、北原さんが僕に声をかけて始まった。最年長が伊東さんで、最年少が布野さん。僕は二番目に若かった。だから、最初はこの人たちは誰？　という状況でした。

「近代の呪縛に放て」という連載タイトルは田尻編集長の案です。僕はちょっと恥ずかしいなとか思っていたけど。ただ、このタイトルにもあるけど、あの時代はまだ「近代建築」という概念が僕らの頭上に生々しく乗っかっていたんですよ。だから「呪縛」ね。誰のことかはいわないけれど、伊東さんがある歴史家に対して、彼は「近代建築」をわかっていない、だったか、切実な問題ではないんだ、みたいな批判をいっていた。今だと「近代建築」はもはや歴史の彼方みたいなことになっている。伊東さんだって今はそんないい方はしないでしょう。僕は、呪縛の囚われの身なのか、いまだにいっている感があるけど(笑)。

——テーマ設定は、どのように決まっていったんでしょうか？　一回目は、建築家たちへのアンケートでしたが……。

八束　月一くらいで彰国社に行って打合せしました。当時は、彰国社は市ヶ谷の自衛隊の前にあって、飯を食いながらグダグダ喋っていました。議論をリードしたのは布野さんでした。すごかったよ。彼が一番物知りだったし。で、そろそろまとめようや、ということになり、一号一号担当責任編集者を決めて、その人の出したお題で皆で議論した。そして、議論が終わると、責任編集者が執筆者を連れてくるという感じの流れ。最終号は、布野さんが建築学科の若い人を連れてきてがんばってやっていたと記憶しています。

——最終号とは、「建築調書1960–75〈ゴールデンSixty〉」という特集のことですね。たしか、藤岡洋保先生や宇野求先生、小玉祐一郎さんや石田敏明さんなども関わっていましたね。

ちなみに、「近代の呪縛に放て」は、全一〇回の連載企画になったわけですが、最終回以外のテーマを述べておきますと、第一回「建築家80人に〝近代〟を問う」、第二回「日常性からの問い」、第三回「いま〝創る〟ことへの視座」、第四回「物の味方」、第五回「建築における思考のフォーム」、第六回「菊竹・磯崎における狂気のゆくえ」、第七回「昭和の建築」、そして第八回が八束先生の企画になる「記号（シーニュ）and/or 建築」、第九回「歴史からの投企」となります。

ちなみに、ほかの方のテーマ設定ということもありますが、ほかの雑誌の誌面でも課題となっているような「日常」とか「もの」とかいうことが、この誌面の中でも語り直されていますね。

八束　「日常」ということをいったのは布野さんで、「もの」といったのは富永さんでしょう。

——今では歴史的なことかもしれませんが、当時の最先端として位置づけられていた現代建築を日本の建築史の中に位置づけるにあたり、この二つの言葉は代表的なトピックスとなっていたのではないでしょうか?

「日常」性という言葉は、『都市住宅』や『建築文化』の誌面上で黒沢隆、藤井博巳両先生が対論していたテーマでもありました。ポスト・メタボリズムの思想を、どういう議論の方向へ進めるかということが目的だったかと思います。

八束　両方とも僕のいったテーマではないので正確な意図はわかりませんが、その場にいた感じでいいますと議論の背景はアンチ・メタボリズムなんだと思います。布野さんの問題設定からいうと、メタボリズムは、高度成長の波に乗って都市の生活者を置き去りにしてユートピアな計画に走った。ただ、大阪万博が終わり、オイルショックを経験し大プロジェクトもなくなった時代において、我々が発見していかなくてはいけないのは日常の生活であり都市の本質である、という感じだったんじゃないかな。

富永さんに関しては、実存主義の詩人にフランシス・ポンジュという人がいて、その人の『物の味方』(思潮社、一九六五)という作品がお好きだったみたい。なので、「もの」について盛んに語るわけです。建築はものだ、と。メタボリズムは、「機械」だとか「機能」だとか別のいい方をしていたけど、やっぱり建築は思想やイデオロギーや意味が込められる以前に基本的には「もの」だ、だからそこから考え方を再構築し直さないといけないということだったと思う。作家宣言みたいなものね、あらためての。

——先生の話を聞き、「近代の呪縛に放て」の底流を流れるものを理解すると各回のテーマの構図がよく見えてきますが、第六回のテーマとして菊竹清訓・磯崎新両氏が引合いに出されてきたことには最初は驚かされました。「吊るし上げをしたいのか?」……と(笑)。

八束　いやまさか、そんな。恐れ多いじゃない(笑)。この企画は、伊東さんですね。彼にとってもっとも気になる作家を取り上げたということでしょう。当時話題になった大江健三郎の『われらの狂気を生き延びる道を教えよ』(新潮社、一九七五)を捩った「菊竹清訓氏に問う——われらの狂気を生きのびる道を教えよ」という論題でしたね。その後、伊東さんの著書にも再録された。伊東さんにとって菊竹さんは旧師であり、乗り越えるべき対象であったわけです。菊竹さんが「セミ・パブリックスペース」の必要性を盛んに述べるけれども、実際は共同体というものがすでにないんじゃないか? そんなものに僕らはリアリティを感じない、ということを伊東さんがいっていたことを憶えています。僕も共感したところがありました。ただ、そうなると、今、伊東さんがやっている「みんなの家」というプロジェクトはどうなのだろうかと思いますけどね。こうした菊竹さんへのオルタナティヴを、伊東さんは磯崎さんと篠原一男さんに見ていたわけです。伊東さんは基本的には磯崎さんの路線じゃなかったのですが、メタボリストとの対比のためにわかりやすかったということでしょう。

この「近代の呪縛に放て」の連載をしているときに、磯崎さんが「反建築的ノート」の連載を同じ『建築文化』でしていたんです。打合せで彰国社に行くと、今月の磯崎さんのゲラはこれ、といって出してくれたんですね。《北九州美術館》とか《北九州図書館》とかの計画ですが、誰も見ていないものを最初に見られてすごい、と思ったわけです。まぁ、役得だよね。僕の中では、ジェンクスの翻訳のときの黒川さんとの雑談と並んで修行中の印象深い体験です。その後、僕が磯崎アトリエにいくきっかけになったと思います。

03 批評について：主題と変奏

「批評」の時代

――「近代の呪縛に放て」を読んでいて、建築界において「批評」が機能していた時代だったんだなという印象を受けました。ただ、当時は「批評」という用語は、一般的に「批判」という意味で使われていましたよね。

八束　皆がそういう意味で使っていたと思う。僕の同世代は布野さんだけど、彼は平良敬一さんや宮内嘉久さんとも親しい。皆左翼ね（笑）。だから、「抵抗」みたいな意味で「批判」的スタンスをとっていたと思う。前川國男さんがその先鞭をつけたということだったみたいだけど。

一般的な取上げ方だと、「批評」というのは作品に対するレヴューだと思われがちです。僕も初期にはそれをやったけど、だんだんやらないようになった。感想文なんか書きたくないし、それだったら「批評」は「作品」に、批評家は作家に従属してしまう。昔々文学の話だけど、志賀直哉が批評家なんていうものは小説家がいないと存在もできない、みたいなことをいったけれども、そんなのは嫌だしね。もうずいぶん長いこと書いていないのじゃないかな？　そういう意味でなら僕は批評家ではない。学術論文を書くことにも関心がないし、そういう意味で最初にいったように建築史家でもない。関心があるのは思想なんでしょうね。建築を通して見えてくるものを書きたいと思う。最近では建築を通さなくともいい、という感じになってきているけど。今の建築を通しても大したものは見えないから。

――話は少しズレますが、『商店建築』の編集にいた坂手健剛さんという編集者が、布野さんらとともに『TAU』という雑誌をつくっていったようです。ほかにも、柏木博さんや長谷川堯さん、上の世代では遺留品研究所や元倉眞琴さんも参加していたようです。ちなみに、こうした人々とは、先生はコミットされて何か活動をされていたのでしょうか？

八束　全く。布野さんが関わっていた『群居』（一九八二〜二〇〇〇）にもなかった。布野さんとは、二〇一四年に建築学会の『建築討論 web』で行われた「対論シリーズ」（二〇一四〜一五）に彼が呼んでくれて久々に対談したけれど、『群居』に僕は呼ばれなかったし、布野さんも僕が編集委員として初期に関わった『10+1』（INAX出版、一九九四〜二〇〇八）には登場しなかった。路が違っていたということでしょう。

――「批評」という言葉の用法で、『群居』と『10+1』の間での確執というか、棲み分けがあったのでしょうか？

八束　別に確執とかはない。ただ、方針というか関心が違っていたということでしょう。先にもいったように、彼らにとっての「批評」は「抵抗」と同義語であり、体制批判であった。平良さんの『造景』もそうであり、布野さんたちの『群居』ももう少しラディカルなかたちでそういうものであった。他人の話になってしまいますが、布野さんはオーセンティックな建築計画学の徒としてデビューするわけです。二〇〇代で東京大学工学部建築学科吉武泰水研究室の助手になるわけですから、体制的な王道を歩むものとして抜擢されたんだと思う。だけど、その後は、アジアの住環境を守る活動へ足を踏み入れていくわけですね。「抵抗の方法としてのアジア」とかいうと竹内好みたいだけど。そのところは僕のとった路ではなかった。僕はへそ曲がりだといったけれど、主流批判はあったにせよ、彼らのように「抵抗」の「王道」（？）をいく気はなかった。でも今でも彼とは仲はいいよ。

――では、八束先生が研究してきたロシア・アヴァンギャルドは、『群居』のような体制批判的な「批評」として機能していた活動ではなかったということでしょうか？

八束　そうですね。

――では、ロシアの研究を始めたきっかけはどのようなものだったのですか。

八束　発端は、曽根幸一さんの事務所でアルバイトとして働いていたときに、書棚に置いてあったのを手にとって見たアナトール・コップの“Town and Revolution”という英訳されたフランスの本で、これはすごいと思ったわけです。ただ、そのときは英語の文章なんてほとんど読んでいないから、ヴィジュアルにすごいと思っただけね、単純に。

やっぱりデザイナー志望だったから。

——そのときには、マルクスやレーニンの思想とロシア・アヴァンギャルドの思想を並置して眺めていたのでしょうか?

八束　マルクスとかは学部生時代から読んでいた。前にいったようにあの時代の学生にとっては常識ですから。でも、そのときはまだ、経済や政治を建築や都市の話としては読み込めていなかった。コップの本のヴィジュアルを見ることで、これだ!!　って単純に思い込んだけど、それからいろいろな本を読みながらメモを溜め込んだり、連載とか単行本とかも出しながら、『ロシア・アヴァンギャルド建築』(INAX出版、一九九三)につながっていったわけです。今度出す『汎計画学』の第一部もロシア篇だけれど、ヴィジュアルな事柄を取り上げているわけではない。四半世紀を経てそこはずいぶん変わりました。今度の本のほうがずっと深いところで議論しているとは思っている。だけど、もう建築論ではない。

一九二〇年代当時のロシア・アヴァンギャルドは、あくまで革命体制にコミットしていたから「批評」などではない。ただ、政治と彼らの仕事の関係はとても複雑でね。それは『ロシア・アヴァンギャルド建築』では捉えきれていなかった。これまでのロシア・アヴァンギャルド論のほとんどは、こうした芸術革命がスターリン体制に抑圧されたというストーリーですね、基本的に……。けれど、結果論としてはそうだけれども、当時の建築家・都市計画家たちはスターリンの五カ年計画にコミットしていったわけです。五カ年計画こそは彼らのフィールドだった。「我らが計画」だったはず。アヴァンギャルドの中でも、少なくとも建築や都市計画ではそうだった。そこに批評行為とか抵抗の介在する余地はなかったと思う。

——では、どちらかというと「アヴァンギャルド」という言葉は、一九六八年に代表されるような建築におけるラディカリズム的な活動ではなく、丹下先生の研究室の活動に近かったといえるということでしょうか?

八束　そうね。建設に参加するために政府にコミットしていったという点では重なって見えますね。実際、昭和三〇年代に、丹下先生は自分は社会主義者である、と公言したわけです。西山夘三さんという論敵がいたので、コミュニストであるかどうかはわかりませんし、戦前は右翼ですから。単なる社会主義者ではなく国家社会主義者だったのかもしれない。国家社会主義という概念はヒトラーもレーニンも使った概念だけどね。丹下さんは戦前には保田與重郎に惹かれたわけで、そういう意味でも国家社会主義だったし、戦後は民衆論にいってもそこに伝統論をつなげたわけだから、まあこれに近いかもね。ちなみに最近になって読んだんだけれど、松隈洋さんの『建築の前夜—前川國男論』（みすず書房、二〇一六）で、松隈さんは僕が戦中の前川さんの「右派」的発言を取り上げたと書いています。前川批判をしたということのようでしたが、それは僕の話の背後を捉えていない。取り上げただけではないのです。前川さんにせよ、丹下さんにせよ、坂倉準三さんはもっとそうですが、そうした「傾斜」をするだけのものがあったということをいいたいわけ。単なる政治的日和見ではなく。前川さんを批判したかったのではなく、彼を民主主義の（妥協せざる？）旗手に仕立て上げた周りを批判したかっただけです。今の観点から、レッテルとしてのスターリン主義や日本の右翼を叩くだけでは、時代が理解できないといいたいのです。解決済の事柄としてそれへのコミットを断罪するというのはそれこそ「批判的」ではない。

——一九六〇～七〇年代当時の建築雑誌を見る限りでは、丹下先生の活動やメタボリストの活動は、体制側にコミットしているようには見えないんです。もちろん、東京オリンピックや大阪万博の施設や会場は建設していますが、実際の社会を動かしているようには見えない。なので、当時の学生にはどのように見えていたのかお聞かせください。

八束　動かしたかどうかは結果論なんで、政治的な色分けは別としてその意思は強かったと思うよ。学生は基本的に反博だから、一九七〇年前後にはそれがエスタブリッシュメントに見えていたとは思う。僕はその直後の世代だけど、あんまりその辺は明確には考えていなかった。漠然とした違和感はあったけれど。ま、意識が低かったんだろうな。でも、今、引いて見るとその辺のスタンスでよかった。心情的に前のめりになりすぎないで……と思うけど。

丹下さん自身も、一九六〇年当時は安保のデモがあったときも腕組んで出かけた、ということですから、少なくとも当時は、体制側ではなく構築されるべき未来の社会にコミットしていたと思う。社会的なコミットと体制へのコミットは違うでしょう？　先ほどもいったけれど、ロシア・アヴァンギャルドには体制批判とかをする余地はなかった。せいぜい様式的な問題を通してくらいしかね。そもそもスターリンが左右の反対派を排除していく政権内の暗闘は一般には知らされていなかったから、体制というものがあっち側にあってなどという見え方はしていなかったと思う。全部「我らのもの」であったわけです。やがて裏切られていくには違いないけど。七〇年代のラディカリストは、最初から体制への異議申立てをしていたわけだからそこは決定的に違う。その分、彼らには「我らのもの」の射程が短かったと思うけど。

丹下さんもメタボリストも、社会を動かすための体制に関わる機会に背中を向けていたはずはない。人によってスタンスの違いはあるにしてもね。それはつながった場合もあるし、そうでないことも多いというようなところでしょう。そこで、だんだん反体制から体制寄りになってきたというのはいえると思う。さらに七〇年以降は中近東の王制にまでコミットしていったわけだから、丹下さんの「転向」であったことは否定できない。反体制を自らの基盤にしていた人から見れば、メタボリズムという運動自体が体制へのコミットである、という総括も出てくるわけでその気持ちもよくわかります。だけど、僕個人としてはそういうスタンスを基本にしようとは思わない。体制か反体制かという軸の立て方は今更不毛でしょう。開発か保存かというのもそうだけど。

——丹下先生のもとで学ばれた磯崎さんはどうだったのですか？

八束　磯崎さんは、心情左翼ではあるけどアナーキスト寄りだったと思う。「都市破壊業ＫＫ」は面白いテクストだけど、ご自分の分身をSHINとARATAというので議論させ、互いにスターリニスト、トロツキストと罵り合うところがあるでしょう？　でもトロツキーはアナーキストじゃないからね。スターリンに簒奪される計画主義はもともと彼のものです。まず壊して、とかは考えない。六〇年代当時のラディカリストは、既成左翼と自分たちの区別をするためにトロツキーを担ぎ上げたけどそこは違うと思う。この辺は新しい本に書いた。だから磯崎さんは万博にコミットしたけど、そこを批判されたことは痛かったでしょうね。ロシア・アヴァンギャルドがスターリンの五カ年計画に参加しようとしたのと同じなんだけどね。五カ年計画や万博を踏み絵に使ってもあまり意味がないと思う。当時その批判の急先鋒の一人が多木浩二さんだったわけだけど、多木さんもそのスタンスはのちに違えていたと思う。あまり公言されていないけれど、僕との個人的な会話ではそんな感じだった。あれは多木さんが亡くなる前にきちんと話しておけばよかったと悔やんでいます。

　それと、僕が当時からそう思っていたかどうかは別にして、ある時期から未来についてペシミスティックに考えることはどうなんだろうか、と逆に考えるようになった。こうした考えに至った背景には、僕が歴史家のマンフレッド・タフーリにいかれた時期があって、タフーリの翻訳に多く関わることになった。タフーリは、マルクス主義者ですが極めてペシミスティックな思考の持ち主です。そうした左翼知識人に影響されていたんです。そんな折、一九九〇年代初頭に入ってフランスの現代建築の雑誌“L'Architecture d'Aujourd'hui”に初期のOMA(Office for Metropolitan Architecture)の特集があったんですね。その中に、レム・コールハースのインタビューが載っていた。そこでレムがタフーリ批判をしているんです。要約すると身もふたもないけど、建築家は建設をする職能であって、批判的なコメントをするだけでは違うのではないかということで、当時、すでにレムのことを個人的に知っていたか記憶していませんが、僕は心の底で感じていたことを見事にいい当てられた気がした。

これより前の日本では、「建築が批評である」といわれた時期があって、僕も『批評としての建築』（彰国社、一九八五）という本を出しました。でも、その後にこのレムのインタビューに出会って、あれは間違いだったんじゃないのか、と考え始めました。建築がなぜ批評でなくてはいけないのか？　もっとポジティヴなものでいいのではないのか？　というふうに……。僕が二〇〇八年頃から大学の研究室で行っていた「東京計画2010」が、傍から見たらオプティミスティックなのかペシミスティックなのかはわかりません。ただ、もっとポジティヴなものとは、今の主流の建築や都市計画やまちづくりがやっているような現実にピッタリくっついているコミュニティ志向のまちづくりとも違うし、いわゆる「批評」として建築をつくることとも違う。「思考実験」といっていましたけどね。そう思い始めたのは、レムの話以前から日本でのメタボリズムの総括のされ方に違和感をもちはじめていたこととつながっているような気がしますね。

日本的ポストモダンの諸相

──一九七〇年代後半にかけて、日本でも竹山実さんや石井和紘さんが先導してアメリカ型のポスト・モダン論を輸入していきました。それにともない、日本においてもポスト・モダンと地域性の問題が叫ばれるようになりますね。そうした状況について、先生はどのようにお考えになられていましたか。

八束　日本でポスト・モダン絡みで、地域性とか歴史性が問題になったとは思わないけどね。ただファッションとして入っただけじゃないかな？　地域性や歴史性はそれとは別のように思う。その先鞭をつけたのが竹山実さんが訳したジェンクスの『ポスト・モダンの建築言語』だけど、あれはジェンクスの前の本とは違って一ページも読めなかった。ちょっと読むと拒否反応が出てしまう。論理的という以前に生理的に受け付けない。だから、いまだに読んでいない。

訳者の竹山さんもまぁ、ポストモダンと括ることはできるでしょうが、一九七〇年代は磯崎さんの対抗馬として評価されていました。プレゼンテーションのスタイルから議論の仕方までとても面白かった、才気が溢れていて。ジェンクス流にポストモダンと括られないほうがよかったのにと思う。デイヴィッド・スチュワートが典型的だけれども、多木さんも含めて一九七〇年代を「磯崎—篠原の時代」としてしまうと、ほかの建築家の仕事が捨象されがちです。それは少し不毛なんじゃないかな。

　石井さんに関しては、くまもとアートポリスの際に《清和文楽館》の仕事をやってもらいました。アートポリスで唯一の金子くんがいうところのポストモダンでしょう。僕は、石井さんの建築があまり好きではなかったのですが、《清和文楽館》を頼むことになったのは、プログラムが合っていると思ったからです。現場はいろいろと大変だったみたいだけど、町おこしという観点では人集めに貢献した。だから、その点では評価していいとは思っています。そういう意味ではポストモダンが地域性をもったとはいえるかもしれないけど、それをあまり声高にはいいたくない。本当の意味での地域性だとは思えないから。もっとも本当の地域性が今なおあるのかといえば、あまり確信的に肯定はしずらいと僕は思う。

——石井和紘という人は、茶室などにおける研究者としては素晴らしい研究者だったのではないのか？　と思うわけです。ただ、こと設計に関しては、ポスト・モダンを屈曲して導入してしまった一人として見ています。本質的なポスト・モダンではなく「・」のない日本流の「ポストモダン」的浮かれ騒ぎだったと思います。複合的な猥雑さを肯定した街並みを生み出す原因をつくった一人だったようにも思います。今の東京について、アジア的だと評価する人もいるでしょうし、多様性を肯定していると評価する人もいるでしょうが、この観光客的な視点での建築界の評価は本質的なのだろうかと思うわけですね。

　もちろん、石井さんのような人たちは、一九七〇年代からバブルへ向かう「狂乱」の時代の鬼っ子だったからしょうがないということもできるのかもしれません……。清貧なデザインの箱の家を連作として発表している難波和彦さんですら石井さんとLANDIUMという事務所を開設し、《直島幼稚園》（一九七四年）など直島の一連の作品や《54の窓》（一九七五年）といったものを設計していますしね。狂乱の時代だったとしかいえません。

八束　難波さんに関していえば、僕もあのコンビにはたしかに違和感はあった。人間性という点から見ると、お二人はずいぶん違うから。ただ、難波さんも、イコンとしてはああいうものも嫌いじゃなかったんじゃないかな？　独立してからもああいう作品はなくはない。僕は、難波さんとは親しいので、いろいろ聞いていますけど、石井さんのことをあるレベルでは評価していたことは間違いないみたい。時代だったんじゃないですかね？　狂乱はいい過ぎのような気がするけど。

——少し上の世代ですが、伊東さんの作品については……？

八束　伊東さんに関しては、ポストモダニストかどうかは意見が分かれるだろうし、そういう個々の作家を巡る議論にここで首を突っ込むのは本意ではないけど、当時のスタンスを語るために少し話しておくことにしましょうか。《中野本町の家》（一九七六年）ができた際に、僕は文章を書かせてもらったんです。博士課程の最後の頃。《中野本町の家》は、僕がヨーロッパに行ってる間に発表された。

それまでは、『都市住宅』の特集は出たけど実作は少なかったので、伊東豊雄なんて建築家はほとんど名前も知られていなかった。それが、ヨーロッパから帰ってみると『新建築』に発表されて、一挙にスターの仲間入りをしていました。坂本一成さんの《代田の町家》（一九七六年）とペアで、多木浩二さんの文章と写真が載っていました。難解をもって知られるテクストでしたね、伊東さんたちご当人が頭をひねっていたくらいで。

僕は、後追いで『JAPAN INTERIOR DESIGN』「シリーズ建築――作品と方法の追跡② 伊東豊雄」（一九七七年四月号）に「未完のレクチュール」という原稿を書いた。伊東さんご当人からのご指名だったと思う。「近代の呪縛に放て」でのお付合いの派生物でしょうね。それ以後にも毎作書いていた。座付き作者みたいなものね、いわば。ただ、《中央林間の家》でこの協働は止まった。別に喧嘩したわけではないんですけど、このときに伊東さんは「装飾」という言葉を使っていて、僕と違う方向にいったなと思ったんですね。伊東さんは、「装飾」が都市の消費文化にリアクションしていく対応の仕方になり得ると思っていたんじゃないでしょうか。

僕も消費文化の中に建築を浮かべる、みたいな文章を当時書いたけれども、それは装飾を通してではなかった。たしかに僕の見ていたヴェンチューリの思考も、都市における建築を介した消費文化的な側面ではあるものの、もうちょっと大きな都市に対する批評としての関心だった。ヴェンチューリ自身のデコレイティヴな表現にも最初から関心はなかった。だから、さっきもいったように、僕はポストモダニストじゃなかったということです。

そのほかの、当時、槇さんが「野武士」と評した人々については、僕の直上世代なのでよく知っています。作品ができると、オープンハウスなどにお伺いさせていただきました。ですので、ポストモダンだからといって、すべての人を嫌いかというと、そうでもなくて面白いともいえるわけです。あくまでも趣味の範囲なわけですが……。たとえば、高松伸は僕と同じ歳ですが、彼の《織陣》とか《キリンプラザ大阪》とかは造形力というか腕力は大変なものだったとは思う。しかし、それ以上ではない。毛綱毅曠さんも面白い人ではあったけど、植田実さんのように高く評価する気はないんですね。編集者としての植田さんのアンテナに強く引っかかったというのはよくわかりますが。

――こう話を聞いていると、日本で流行した「ポストモダン」というのは、あくまでも個別解でしかなく、集団的「イズム（思想、態度）」ではないということのように聞こえました。さらにいえば、趣味の領域を出ないものの集まりだったということでしょうか。

八束　少なくとも日本の建築ではそうとしか思えない。

――植田さんの『都市住宅』自体への評価をもう少し聞かせてください。「ポストモダン」とは少し違う路線だといえますが。

八束　『都市住宅』における植田実さんの初期の仕事は作家発掘だけではない。植田さんの関心は総合的な住環境だから、都市における水環境とか、真壁智治さんや元倉眞琴さんを発掘してデザインサーヴェイの話を載せたのも『都市住宅』で、この雑誌は非常に興味をもって読んでいましたよ。今ではああいう方針のはっきりした雑誌はないし。ただし、当時の僕は住宅を通して自分の建築観を養おうとはしていなかった。そもそも共同体には関心があるけれど、それを実感的なコミュニティ意識みたいなことで拾い上げようとする視点というか感性が僕には欠けているのかもしれない。観念論者なんだね。

植田さんには都市居住のイメージというものがしっかりあって、そうした建築様式とは違うものを作家の仕事を通してどう拾い上げていくかということに興味があったんだと思います。そういうスタンスは、植田さんが意識していたかどうかは知らないけど、吉本隆明的だったような気がする。吉本隆明は、六〇年安保の時期の学生にとっての教祖で、その後これといった思想家が出てきたわけでもないので、七〇年安保当時も教祖だったわけだけど、吉本さんの基盤も民衆の生活感にあった。僕自身は、彼の思想にコミットはしませんでしたが、影響力のある人でした。植田さんにも、日本人には生活の「根っこ」のようなものがあって、そこを解釈するには単に西洋モダニズムを借りてもってきてもダメで、そういう日本人の「根っこ」を発掘しようとしているのが新しい世代の建築家である、ということだったと思う。伊東さんたちの世代がまさにそれですね。伊東さんは、最終的には植田さんの文脈には乗らなかったけど、伊東さんのURBOTという事務所の特集「個の意識と個室の概念／URBOT」は、『都市住宅』（一九七一年一一月号）で組まれていますしね。ひょっとしたら伊東さんの「みんなの家」みたいなものは、そうした植田さん的な意識への再接近だったのかもね。

――この世代とは、長谷川逸子さんや安藤忠雄さん、黒沢隆さんなど一九四一年生まれの建築家たちのことですね。

八束　そう。ただ篠原スクールは、そういう実感を断ち切るところからスタートしたからその文脈には乗らなかった。実際は、室伏次郎さんたちのような人々が、植田さんの思い描いている日本人の「根っこ」を一番もった建築作家だったと思いますけどね。ただ、僕はそういった思想は理解はするけど、感性的には共感は薄かった。とはいっても、浅田彰さんなんかそういう土俗的なものへの嫌悪が濃厚にあるけど、僕はそこまでではない。土俗的なのが正しいかどうかという議論より、そういう評価軸を巡ってさまざまな議論が可能だと考えるほうが実り豊かだと思う。

——今話にあがりました篠原スクールと八束先生はどういう関わりでしたか？

八束　長谷川逸子さんの《焼津の文房具屋》（一九七八年）ができたときに、たぶん、伊東さんに誘ってもらったんだと思うけど出かけて、それで長谷川さんとか坂本さんとの関わりができたのがたぶん最初ですね。多木さんともこれが最初。多木さんのほうが、長谷川さんにこの建物はこうだとかいう説明をされていたのがとても印象的でした。どっちが作家かわからない（笑）。

篠原さんご自身とはもう少しあとで、先生が僕がモスクワに行ってアヴァンギャルドを見てきたということを耳にされて、東工大の研究室でスライド会をセットされたのが最初。メーリニコフの自邸をとてもきれいだったといわれたのが印象的でね。あれはきれいなんていう建物じゃないんだけど、篠原さんの《上原通りの住宅》にどこか通じていると思っていたので余計印象的でした。フレデリック・スターが書いたメーリニコフの本のタイトルが“Solo Architect in a Mass Society”というんだけれど、それは篠原さんにも当てはまると思ったんで。それから東工大のスタジオに呼んでいただいたり。もっとも、最初は磯崎さんのスタジオで僕はつなぎみたいにやっていただけですが、その後、坂本さんの代になってからも呼んでいただいた。

「転向」という主題

——ポスト・メタボリズムというか、日本におけるポストモダンについてもう少し話を整理していただけますか。

八束　そのために少しいっておいたほうがいいだろうと思うので、話が少し飛ぶようだけど、この頃に僕が感銘を受けた二冊の本に触れておきたい。一冊はミシェル・フーコーの『言葉と物』（原書、一九六六／渡辺一民＋佐々木明訳、新潮社、一九七四）。もう一冊は、鶴見俊輔らの『共同研究転向』（思想の科学研究会、一九五九〜六二）という三冊組の本でした。修士の頃に読んで、衝撃を受けたわけです。フーコーの本は有名だからいいとして、特に後者の話をしておきます。僕のもっているのは初版（一九七三）のだいぶあとの刷だけど、神保町で買って大事にもって帰ったのは今でも覚えている。

従来、共産党のいってきた転向論というのは、当時の委員長であった宮本顕治たちは転向をせずに獄中で抵抗を貫いた。だから、我々は軍国主義に戦った左翼の正統である、という理屈で最初に転向した共産党の首謀者は裏切り者扱いでした。だけど、鶴見さんたちの視線が僕にとって新鮮だったのは、「転向＝悪」という見方をまずは捨て、転向はなぜ起こったかを見つめるところからスタートしよう、というところだった。のちに、僕も『近代建築のアポリア──転向建築論序説』（PARCO出版局、一九八六）という本を出しましたが、これは西欧のモダニズムがどう変わっていったかということと、政治的な「転向」という問題がパラレルになりうる、と思ったんです。鶴見さんたちの考え方も同じなのですが、なぜ「転向」が起こったかというケーススタディを重ねていくと、日本社会の現実、個々の運動家や思想家たちの家庭環境や家族の話がすべて天皇制につながっており、それは西洋から輸入した思想では超えられないと思った瞬間に「転向」が生じる、というわけ。官憲による物理的な圧力がなかったわけはないので、その外的な圧力が渡し船となって、思想の断崖を渡ってしまったということもあるんでしょうけどね……。僕は先ほどの前川さんの例も同じように考えるべきだと思う。誠実さの欠如の故の右転回ではなくて、誠実さの故にそういう答えを見出そうとした、と。

ここで話はまた吉本隆明に戻りますけど、彼も転向論を書いています（「転向論」『現代批評』創刊号、書肆ユリイカ、一九五八）。基本的に輸入思想と現実の関係を問うたことは似ている。鶴見さんは戦中にアメリカから送り返されてきた人だけれど、吉本さんは軍国少年だった。だから、戦争が終わったら急に自分の周りに俺は軍国主義反対だという意見がいっぱい出てきてびっくりした、何だこの現実は、という疑問から吉本さんの転向論は始まる。彼は軍国少年から労働運動を経て左翼になったわけだけれど、要するに、日本人のメンタリティとか生活に根ざしていない思想は思想ではない、というのが吉本さんの考えなんです。だから、その土俗的な「根っこ」はなんだと探ろうとする。アメリカ的なプラグマティズムを仕込んできたモダニストである鶴見さんにはそういうところはない。吉本さんのターゲットは個々の思想家のスタンスだけれど、鶴見さんたちはそこから浮き上がってくる日本の社会の構造的な問題のほうに関心があった。これは戦前の話ばかりではなくて、戦後も我々の眼前にある状況との対峙の仕方に関わっていると思いますね。僕が自分はモダニストであるといい続けているのもそのためだし、歴史に学ぼうとしているのも同じです。歴史プロパーへの関心ではないわけ。ポストモダンの話をするとすれば、こういう問題意識を経由しなければ面白くない、と僕は思うのですね。同時代的なモードのことではなくて。

――先ほど、住宅を通して「建築」について考えたことはなかった、というお話をされていましたが、『都市住宅』全盛当時の先生はどういう「建築」に可能性を感じていましたか？

八束　時代の中では、フェミニズムのような問題や核家族化の問題もあって、そうした問題に計画論的な興味はないことはなかった。現に、ずっとあとですけれど、一九世紀の近代集合住宅の形成の話をやってみようかとは研究室でもいっていた。フランスあたりを例にとってね。そもそもロシアの共同住宅にもそういう問題はあるし。でも、そうはいかなかった。自分としては体質の問題なのか、もっと大きなものに興味があったということかもしれない。

――ここでいう大きなものとは、「個人」とは対極にある「社会」といいかえてもいいものなのかもしれませんが、その際に対象とする「社会」とはなんですか？　それとも、「社会」に即さない思想のあり方があると思われていましたか？

八束　家族だって「社会」の問題の一部ですけど、もちろん「社会」を抜きにしては、建築は面白くないと思っていました。それが何かは人それぞれが見出すべきものです。そこにあるものではなくて。僕は「社会」にアプローチするにも「想像力」はいると思っている。「空間」に対しても同じように。今の建築やまちづくりが僕にとって面白くないのは、それが欠如しているからだと思います。だから「社会」といっても、どう理解するかということが本当は問題。「社会」は我々が構成するものであって、外にあって我々を構成するものではない、というのが僕の考えです。今は「社会」というと現実べったりなんだけれど、それには違和感があります。ポリティカル・コレクトネスを建築で実践するなんて面白くもなんともない。

――建築やデザインなどの物を「言葉」におきかえ「社会」を語ろう、ということが、思想や理論の現場に現れたのが、一九七〇年代後半から一九九〇年代前半くらいまでの時代に起こった現象の一つだったかと思います。

八束　それはむしろふつうのことでしょう。今だってそうですよ。環境とか、コミュニティとかね。ただ、それで何が語られるかということが問題でしょう。「社会」といって、あとは自明のことのように効能だけをいうなら意味はないと思う。僕は「汎計画学」を書こうとしているわけだけど、今の建築計画学は効能書きの集成でしかないように思えます。

あらためて建築家と国家について

――日本の「根っこ」探しをしていた一九六八年世代の建築家の視座における「転向論」の話は、建築の歴史について考えるうえでも非常に大きなキーワードなのだということをあらためて実感しました。ちなみに、その日本の「根っこ」探しの一つとして、先生も白井晟一という建築家について語ろうと思ったのでしょうか？　その際には、一作品の評論ではなく、白井さんの活動全体を語っていますよね。たとえば、先生以外にもいた一九八〇年代当時に白井さんをもちあげる一派は、一九五五年から一九五六年の伝統論争を再録するかのように「対丹下」の様相を呈していたと思うのですが、先生の中でも「丹下健三の時代から白井晟一の時代へ」シフトする時代感覚があったのでしょうか？

八束　そんな大仰な意識はなかった。白井さんへの関心は、磯崎さんの《親和銀行》に関するテクストからの影響もありますし、「近代の呪縛に放て」を一緒にやっていた布野さんがのめり込んでいたこともありますね。それに引きずられたとは思わないけれど、そんなに戦略的なものはない。ただ、自分の中で、白井晟一であっても村野藤吾ではない、という感覚はありました。丹下さんの正当なモダニズムとは違うモダニズムもあると思ったから。村野さんにはそれはないと思ったんですね。磯崎さんが、川添登さんに連れられて東北行脚をして、これは丹下さんのもっている空間とは違う、と悟ったことにも似ていたのかもしれない。一九六〇年代から一九八〇年代にかけての建築雑誌の誌面上で、白井さんはモダニスト側からもポスト・モダニスト側からもレッテルを貼られる作家なんですけど、僕の中ではそういうことはどうでもいいんですよ。

磯崎アトリエにいた頃に、ケネス・フランプトンが来日して磯崎さんにいわれて群馬の美術館に同道したんです。このときがフランプトンとの最初の出会いですけど、その時期に白井さんの『SD』の特集号（一九七六年一月号）が出版されたので他意なくそれをあげたことがあるんです。そうしたら、その後にフランプトンが書いた日本日記には、その特集号を見て困惑したことが書いてありました。フランプトンは、磯崎さんからも白井晟一のことを聞いたらしいんです。そのこともあって、なぜ、モダニズムとしての「建築」をわかっているはずのお前らが、なぜこんな建築を評価するのか、みたいに書いてあるのですね。それを見て、あー、そういう見方なんだな、と思ったわけです。

フランプトンは、プレ・モダンのことをフランス語のモダンを指す「モデルネ」というんです。この言葉を英語圏の人が使った場合、一九三〇年代のアール・デコに近いものを指すらしい。ストリームライン・モダンなど、ハイ・モダニズムになれなかったものの総称らしくて、白井も村野もそれだ、というんですね。「二流だ」「キッチュだ」という評価なんです。ほとんどクレメント・グリーンバーグの芸術論みたいなものですけどね。

その一方で、アーキグラムのピーター・クックやカナダの建築家トーベン・バーンズなどは、白井さんを評価している。面白いという人は相当数いたけど、いまだに定着はしていないね。

――逆に、当時の日本人が欧米の建築を評価する視点はどういうところにあったのでしょうか？　また、先生がル・コルビュジエについて語ろうと思ったきっかけはいつ頃からだったんですか？

八束　それははっきりしています。岩波書店から本を出すことになったときからです。あれは「二〇世紀の思想家」というシリーズ本の一つです。僕は当時、岩波で他分野の人たちと勉強会をしていたので依頼がきた。当時、ル・コルビュジエについて語ることは、富永讓さんのテリトリーだと思っていたんですよ。だから、ル・コルビュジエはよく知らない、と一回断った。そうしたら、このシリーズは、そういう人に書いてもらっているんです、というんですね。定番ライターは外している、とのことだったので、じゃあ勉強しようか、となったんですね。ル・コルビュジエのことは嫌いじゃなかったしね。あくまでも外的なきっかけで研究が始まったわけです。

――なぜ、このような質問をしたかというと、ル・コルビュジエと白井晟一を語り始めたのが同時期だったからなんですね。

八束　それは偶然だね。

――また、イタリア合理主義について語り始めたのも同時期ですね。こうした個の問題(作家論)と全体主義を同時期に語っているのはどうしてなのかなと思ったわけです。

八束　ロシア・アヴァンギャルドの次にイタリア合理主義というか、イタリアのファシズムの建築について書こうと思っただけです。ロシアでは、アヴァンギャルドが潰れてスターリニズムになっていったとされているわけですね。けれど、イタリアは全体主義になってもモダニズムは潰されない。それがどういうことかと考え始めたのです。それに、一九七六年に最初にヨーロッパに渡ったときに、テラーニとかリベラとかイタリア合理主義の建築を見に行っていて驚いて帰って来た記憶もあった。だから、コルビュジエや白井さんとは当時の時点では関係がない。

――それでは、白井さんを今の時代からもう一度読み返すことはできますか？

八束　それはもう何度か書いたことで、あとは読者の判断でしょう。一九八三年に白井さんはお亡くなりになった。その直後に、『白井晟一研究』（南洋堂出版、一九八四）に結構長いテクストを書いたわけです。当時、いろいろとお付合いがあって、芝浦工業大学の学生が行っていた勉強会によく呼ばれたんですね。ピーター・アイゼンマンの事務所にいた丸山洋志さんとか、『新建築』の編集長になった寺松康博さんとかね。それで、藤井博己先生と“Oppositions”のような本をつくろうというような話になった。藤井さんが南洋堂の先代の荒田哲史さんに話したら、今、白井晟一のことを整理しているので、それが終わったら……といわれたんですね。それ以降、その話は浮上しなかったけど。ただ、その後、荒田さんから『白井晟一研究』に書きませんか、ということになった。そこで、白井さんの家を見たい、といって自邸に連れて行ってもらいました。当時、すでに白井さんは亡くなっていたので、息子さんの昱磨さんと会って話す中で仲良くなって、『白井晟一研究』に書くことになった。だから、意識して題材を決めたわけではない。

——では、聞き方を変えますが、全体主義と作家としての個人を同時に語っていた当時の先生のお考えを今振り返ってどう思いますか？

八束　前にも話したけど、ロシア・アヴァンギャルドを語った理由は、社会を解放するというヴィジョンに惹かれたからです。ナイーブにね。そして、そうしたことを考えていくと、全体主義やファシズムとどこかで交錯すると思った。ただ、その関係がよくわからない。これまた前にいったように、アヴァンギャルドとたとえばスターリニズムを無媒介的に結びつけようとは思いませんが。僕はマンフレッド・タフーリをずいぶん訳したりしたんだけど、タフーリはマルクス主義者の歴史家ですが、『球と迷宮―ピラネージからアヴァンギャルドへ』（原書、一九八〇／八束はじめ＋石田壽一＋鵜沢隆訳、PARCO出版、一九九二）という本のイントロで、彼は階級闘争のための批評はあるけど階級闘争のための「建築」なんてない、というようなことを書いていたんですね。それで目から鱗が落ちたというか、肩の荷が軽くなったわけですけど、今でもその時代の中の対立軸は課題です。

——たとえば、メタボリストの一人である大高正人先生の一九七〇年代の農協建築は、そういう階級闘争の渦中にあったビルディングタイプでしたが、「建築」自体は階級闘争の本質を担わなかったという理解でよろしいでしょうか？

八束　「建築」は「建築」であって、解釈や機能を誘発することはあっても、解釈や機能と表現が一対一の対応をしているとはいえないということですね。

農村計画というのを行った一つの主体はナチで、「血と大地の理論」でそういう建築はできているともいえる。大髙さんは、たぶん、思想的にはむしろ真逆な人だろうけど、晩年の作品は「血と大地の理論」でつくられた建築の形状に似ている。大髙さんをナチ呼ばわりする気は全然ないんだけど、そういう思想と建築の関係についてももう少し考えなくてはいけない。

――話が飛んでいるように聞こえるかもしれませんが、先生の考える「近代社会とは何か」ということについてお聞かせください。大谷先生についての聞取りの中であがった「中小企業の人々が支えるような社会」が近代社会なのか？「トップダウンを下すトップの数人と低層で平準化されたその他の人々による社会」が近代社会なのか？「すべての人が平等に語り合えるアナルコキャピタリズム的な社会」の構造が近代社会の社会構造なのか？　先生の中では、どのようなものを近代社会といっているのかお聞かせくださ い。それに合わせて「建築」というものが、どのようにあるべきなのかも合わせて伺いたいです。

八束　あんまり正面から答えることはできそうもないね。今度の『汎計画学』で書いているけれども、スターリンがつくり上げたロシアはトップダウンな社会なわけです。スターリンだけがそうだったわけではなくて、トロツキーもそうだったし、レーニンもそうだった。そのことは否定できません。その一方で、アヴァンギャルドがやっていたこともボトムアップだったのかというとそうではない。スターリン政府に潰されてしまったので、そうではないように思われがちですが、彼ら自体はエリート主義であり、トップダウンですよ。トップの計画が、さらに上のトップに潰されたというだけのことなんです。

ちなみに、日本のソ連の農村史についての研究は、すごいレベルの高い研究が残っているわけ。それは、たしかに認めるけど、当然のことながら農村の現実から話がスタートする。ボトムからのアプローチ。しかし、そうなると革命の話はどこかに飛んでしまう。直接の相手はスターリンだから独裁者批判で話が通ってしまうけれども、それでいいのかと思う。だって「革命」なんだから「民主的」に皆の同意を得ながら進むわけはない。ロシアには、革命の前からの共同体ミールというものがあって、地主と農奴との関係で成り立っていた。革命以降は、スターリンが強制的に地主を廃止し農奴を集団化してそれまでの農村の構造を潰したんですね。五カ年計画の中でそうした農業の集団化が強行されると同時に大飢饉が起こってしまったので、何百万というホロコースト並みかそれ以上の莫大な死者が出るわけです。こうした事態は、上からの計画化の悪の最たる結果だと受け取られたわけです。

多くの死者について軽んじるつもりはありません。また、スターリンのやったことを正当化するつもりもないんですけど、じゃあ、ボトムアップだけやっていればよかったのかというと、自ずと違わないかと思うわけです。だからだいぶ話が飛ぶみたいだけど、伊東さんの「みんなの家」みたいなポピュリズムにも与しがたいものを感じます。建築をつくる者やいわんや都市を計画するものは、トップダウン的な立場に立たざるを得ない。それを回避し得ないと思います。

——今の話を聞きながら、日本における下河辺淳さんの仕事を思い浮かべていました。彼の仕事は、トップダウンとボトムアップの話をうまくつなげながらやっていた例なのかなと……。下河辺さんは奥様と戦後すぐから農村研究をやられていた人ですからね。

八束　うまくつながっている、というのはどうなんでしょうね。個人的な問題という気がする。下河辺さんは山梨の白州で、舞踏家の田中泯さんやその奥さんの木幡和枝さんが主催している晴耕雨読というか雨舞というかの芸術祭を支援していたわけです。下河辺さんと木幡さんは仲がよかったからね。ただし、国土交通省のドンとしてやっていたわけじゃなくて、カウンターバランスをとりたかったんだと思う。意地の悪いいい方をすれば罪滅ぼしね。僕の研究室では日本の農村研究を行わなかったので実際のところはわからないけど、ロシアを見ていても農村の話はそう単純にはいかないでしょうからね。

04「建築」の中へ

内から見た磯崎アトリエ

——ここからは、磯崎アトリエに入所されてからのお話をお伺いできればと思っております。まずは、一九七〇年代後半から一九八〇年代前半における「建築」がおかれた社会的状況についてお聞かせください。まずは、磯崎アトリエでの仕事の進め方などからお話いただけますでしょうか？

八束　どういう運営のされ方をしているかなんて知らないで入りました。六角鬼丈さんや藤江秀一さんなど優秀なスタッフに案を出させ、それを磯崎さんがディヴェロップする、丹下研究室のような体制をとっているのかと思っていました。ただ、入ってみると全然そうではない。磯崎さんがスケッチをしない限り仕事が始まらない。スタッフが前もってやることは、せいぜい建築物のボリュームチェックをするくらい。そのうち、これが当たり前だと思うようになったけど、最初はびっくりしましたね。磯崎さんご本人にいわせると、丹下さんとは違うやり方で仕事も進めたかった、ということでしたね。

——磯崎アトリエに入ったきっかけは、磯崎さんの作品を何か見て決めたということでしょうか？

八束　「近代の呪縛に放て」の月一の集まりで、磯崎さんの『反建築的ノート』の上がったばかりのゲラを見せてもらい、皆で盛り上がったことは話しましたね。特に、《北九州市立図書館》の模型の写真は衝撃を受けました。PCのヴォールトが架かっているんだけれど、この目地が強調された模型で。模型には銀のライン状のテープが貼ってあるだけだけど、実際の建物では目地は梁としてインテリアには出てきても、外側は銅版が葺いてあるのでアーティキュレーションとしては見えない。模型写真は、まさに芋虫というか「モスラの幼虫」という感じで、驚いたわけです。

——《北九州市立図書館》だけでなく《北九州市立美術館》についても、「近代の呪縛に放て」の最終号の中でも取り上げて話されていますね。

八束　《北九州市立美術館》については、《群馬県立美術館》みたいにグリッドを切った中にエレベーションをはさみ込むプレゼンテーションがあって、そのプレゼン通りに正方形や立方体に還元して空間をつくる要素を考えていく手法には驚きました。あの頃は驚きの連続だった。

——そうした磯崎さんの「美術と建築」を並走させて考えていく設計手法は、当時の学生には衝撃だったのでしょうか？　磯崎さん以前のスター建築家と呼ばれた方々は、現代的な「美術と建築」の関係をテーマにしたような建築のつくり方ではなく、機能的であることを前提とした建築のつくり方だったように思います。造形はあとからついてくるものだという考え方ですので、全く違う方向を向いていたのだと思います。そういう点では、磯崎さんの建築は衝撃的だったように思いますが、八束先生ご自身もしくは「近代の呪縛に放て」のメンバーは、どのように磯崎さんの考え方を評価されていたのでしょうか？

八束　「近代の呪縛に放て」のメンバーの中には、僕も含めてあの時点で現代美術の知識があるものはそんなにいなかったと思う。だから、磯崎さんがのちに語っているような文脈で理解できてはいなかった。ただ、今までにないようなものが出てきた、という直感的な驚きは皆もっていたと思う。デザイナーですから。

ただ、機能か美術かみたいな話があったけれど、磯崎さんも一九七〇年以降は転向したんだと思います。もちろん続いている部分はあるにせよ。僕は磯崎さんの最高傑作は《群馬県立美術館》だといまだに思っているけど、あの美術館の空間はお祭り広場や『日本の都市空間』（彰国社、一九六八）で書いていた無限定空間としての界隈などとは違う。都市と建築の違いというだけではなく、関心のフォーカスが違っている。つまり《群馬県立美術館》は、インコンプリートネス（未完成性）や不確定性という一九六〇年代的なテーマとは違う。ユーザーの側からの発想ではない。「不確定性」はその時代の芸術上のキーコンセプトだから磯崎さんが機能から美術に転向した、というのじゃないけれど……。初期の磯崎さんは機能的なスタディをすごくやっていたんですよ。そこから空間のタイポロジーを引き出そうみたいなことで。けれど、『日本の都市空間』のコンセプトも建築物の手法に還元してしまうと、フォルマリズム的なものになってしまったというのかな。

——そんな磯崎さんの事務所に入所されて、最初に担当されたお仕事は何でしたか？

八束 正式に入所する前に、アルバイトとして北九州の都市デザインの展覧会の仕事に関わったんです。それは磯崎さんに誘ってもらった。この展覧会が終わった段階で、このまま博士にいても博士論文書く気はないし……と思い、面接を受けることにしたわけです。勉強会でも一緒だった菊池誠さんと同じときに面接を受けたことを記憶していきます。それで採ってもらった。

ただ、当時のアトリエは、《神岡町役場》の現場が進行しているくらいで、あまり仕事がなかった。僕が入所したのが一九七七年で神岡が翌年に竣工。一九七八年か一九七九年頃から《つくばセンタービル》が始まるので、そこからは仕事は増えましたけどね。それまでは、大した仕事はなかった。ヴォールトが屋根に載ったパラディオ風のデザインの住宅もすでにあちこちで進行していた。三鷹の《貝島邸》はもうできていたし、六本木の《青木邸》も現場が進行していた。ヴォールトシリーズの一番大きな邸宅も伊東孝さんの担当でやっていたけれども、途中で流れてしまったんですね。あの辺の作品は住宅の臭いは全くしないで、「建築」の形式だけが自立しているという感じだけど、僕は好きでした。ちょっとあとになりますが、大分県の杵築市に産婦人科の仕事があって、それを僕がやることになりました。これが最初に与えられた担当物件でしたね。ただ、施主側の事情でそうならずに、西岡弘さんが完成させました。ちょうど同じ頃に《つくばセンタービル》も動き始めていて、そちらも最初は担当していました。

ちなみに、当時の磯崎さんは、施主に何案か出して決めてもらってからスタートするということをしていました。僕は、自分が一番やりたい案が選ばれなかったらどうするのかと思っていたけどね……。実際、白井晟一さんが委員として関わっている《つくばセンタービル》建設にあたっての懇談会のようなものがあって、その中で選ばれた案は最終的にでき上がったものとは似ても似つかないものだったんですよ。それを磯崎さんがより戻しを行い、最終的にでき上がった案になっていったんですけどね。話は戻るけど、そこら辺の下案づくりが僕の担当だった。それで、案が絞れてからは、青木宏さんと大髙正人事務所からやってきた渡辺誠さんが案をまとめていき、現場も彼らがやった。その下で、僕も中宴会場の画を描いたりしていました。ほんの一部ね。

それまでの間には、海外のコンペがあったので、そちらに回されました。英語が読めるからということで、僕のところに振られたのかもしれない。憶えているのは、サウジアラビアの外務省のコンペ。これは負けて三等になったんですが、僕がチーフで菊池さんと一緒にやりました。黄金分割でパターンをつくっていき、ジュゼッペ・テラーニの《ダンテウム》のような平面計画にするというものでした。これは、ロサンゼルスの《MOCA》でも引きとられたスキームですね。サウジアラビアまで模型を持って行った記憶があります。

——コンペのやり方は磯崎さんが画を描いて、それをもとにスタッフが進めていく、というやり方ですか？　なぜこのコンペでは、テラーニの案が降ってきたんでしょう？　これも磯崎さんの発案ですか？

八束　もちろん磯崎さんが主導です。テラーニ風の案が降ってきたのは、当時、ピーター・アイゼンマンと付き合っていたことが関係あるんじゃないでしょうかね？　ただ磯崎さんは黄金分割が無限に細胞分裂していくように発展していく平面計画にしようとしていたんですが、収拾がつかない感もあったので菊池さんと相談し、もっとシンプルに矩形におさまる案をつくって磯崎さんに認めてもらいました。ちなみに、このコンペは最終的に北欧のヘニング・ラーセンが勝ちました。

《つくばセンタービル》

——では、《つくばセンタービル》の基本構想に関わっていた頃も、磯崎さんとだけの打合せで、他の外部の有識者の方々とは打合せをする時間はなかったのですか？　たとえば、つくば研究学園都市の全体計画に関わっていた高山英華先生とか……。

八束　ないですね。高山先生は関わっていたんですか？　それすら知らない。雲の上の話です。プロポーザルは、僕とか青木宏さんとかでつくっていたんですが、なんせ磯崎さんが筑波は、東京から見て鬼門だから……、ということをコンセプトに書いていて、そんなこと書いて大丈夫なのかな？　と思っていた程度ですね。

——とはいえ、磯崎アトリエでは、つくば研究学園都市構想の最終的な構想は知っていたわけですよね？

八束　そうでしょうね。筑波の構想には土田旭さんが関わっていましたからね。土田さんは、『日本の都市空間』の共同執筆者でもあるし、磯崎さんの弟分のようなところもありましたからね。当然知っていたと思うよ。

――つくば研究学園都市構想に対して反対運動が起こっていたのをご存じでしたか？　また、こうした反対運動が起こるきっかけである都市計画上の政治体制やその上にでき上がっている都市計画について、一設計事務所がどれくらいのことを知って建築や広場を設計していたのか知りたいです。

八束　我々スタッフは全く知らない。ナイーブなもんです。あの《センタービル》は、軸線の上にミケランジェロ風の楕円というか長円を描いて広場をつくっていて、ホールのエントランスはその軸を受け止めるかたちになっています。その軸線上の反対方向、はるか遠くに菊竹さんの俗称「ハエたたき」と呼ばれていた塔が配されていたんです。だから、もちろんその都市軸の構造は知って広場をデザインはしたけどね。その軸線がズブズブっと広場で沈んでいくイメージづくりをした程度。マスタープランは見ていたけど、それ以上でもそれ以下でもなかった。

　ちなみに、多摩ニュータウンの《パルテノン多摩》近傍の環境も、《つくばセンタービル》で使った軸線の考え方でできています。これは曽根幸一さんがデザインしたということもありますが、つくば研究学園都市の公団の設計チームがそのまま横滑りしたせいもある。多摩ニュータウンのマスタープラン自体は、大高事務所がつくば研究学園都市に先行して行っていたので軸線自体は違うだろうけど、その周辺にある公共施設としての文化施設のボリュームなどを考えていく手法は《つくば》で編み出されたものですね。当時の公団は、いまだあの規模の公共施設を設計したことがなかったから。《つくばセンタービル》の設計には彦坂裕さんが曽根事務所から手伝いにきていたので、僕らが知らないところでボス同士が情報交換したというのもあったかもしれない。

――こうした《つくばセンタービル》の設計チームに関する体制は、どのように決まったのでしょうか？　すべて、磯崎さんの交流から始まったものでしょうか？

八束　それはそうでしょう。インテリアデザインも倉俣史朗さんの事務所が関わって、倉俣事務所の人たちが磯崎アトリエに一時的に席をおいていました。ただ、倉俣さんご自身がアトリエに来て何かを相談していたのを見た記憶はありません。僕がそのプロジェクトにはあまり関わっていなかったからかもしれませんけど。

――《つくばセンタービル》の仕事を振り返ってみたときのご感想をお聞かせください。

八束　難しい質問ですね、僕にとって。《つくばセンタービル》ができたときに『SD』が特集を出すというので（一九八四年一月号）、磯崎さんにいわれて長い文章を書いたんです。その文章は、日英で対訳がついたこともあり、ケネス・フランプトンも読んで好印象の感想をくれました。ただ、僕的には苦しいな、と思いながら文章を書いていた。正直いうと諸手を挙げていいとは思っていなかったから。磯崎新のポストモダン建築の最たるもの、と思われていた節があるけど、一方で立方体はルドゥーである、担当者の八束もルドゥーについて書いている、とあたかも僕の入れ知恵みたいないわれ方をされたりしたのは困った。

　篠山紀信さんと磯崎さんの『建築行脚』の一二冊組の最初の号が出版されたのが一九八〇年。ルドゥーの回はもう少しあとですが、僕はルドゥーには惹かれていたけれど、それを当時のデザインの中に引用することがいいと思っていなかった。新古典主義建築のデザインを引用してしまうと「国家の影」の議論が出てきてしまうし、今更……という感じもあったし、そもそもそれは磯崎さん自身が警戒していたものじゃなかったのか、と少し引いて見ていた。

　磯崎さんのスタッフだったから批判的なことを書くことはできないけど、諸手を挙げて賛成はできないというのがわかる人にはわかるみたいな文章にしておいた。イソップの言語（面従腹背）というやつ。磯崎さんがそれをわかっていたかどうかはわかりませんが、あれだけ賢い人だからそれはわかっていたでしょうね。フランプトンもわかっていたみたいで、去年ニューヨークで会ったときに、自分も筑波について書いて以来、磯崎さんとは決裂した、みたいなことをいっていました。

――では、今あの建築を見てみてどう思いますか？

八束　この間、久しぶりに見に行ってみたら、近傍にそっくりな別の建築が建っていたのでびっくりしましたが、基本的には当時と感想は変わっていない。ポスト・モダンという考え方の歴史的潮流を定着した影響力のある建物だとは思っているけど傑作だとは思わない。

　今どきの若い人は、磯崎新は《つくば》以来のポスト・モダニストである、と思っている節がある。特にヨーロッパだと……。なので、彼らにとっては、一九七〇年以前の磯崎さんの建築は、あくまでも「発見」なんですよ。ポスト・モダンをやっていると思ったら違うこともやっている、ということなんですよね。僕からすると、それは違うよと思うわけです。磯崎さんの仕事の真骨頂はむしろそれより前の時期にある、と。

磯崎新における「日本的なもの」

――パリの「間展」は担当者の一人だったと思いますが、どのような部分を担当されていましたか？

八束 大したことはしていません。やったのは建築を建てる際の地鎮祭で使う神籬の簡単なドローイングを描いた程度よ。記憶に残っているのは、神籬に垂れた御幣を描いたら、「間展」のグラフィックを統括してくれていた杉浦康平さんから「君の御幣は死んでいる」といわれたこと。描き直せということですね。それは名セリフとしてアトリエの中でも笑いのネタになりました。おかげさまで、そのドローイングは磯崎さんの著書の中で今でもよく使われています。

――「間展」は、日本の思考やデザインを海外の人々に見てもらう機会になったのではないでしょうか？

八束 それはそうだけど、さっきいった七〇年前後の折返しがここでも見られるんじゃないかな？『日本の都市空間』では、複雑な手法の概念を伊藤ていじさんなどと議論した結果だとは思うけど、集落や町屋配置の原理など歴史の中で集団的に共有されてきたものが語られているんですね。それに比べると、「間展」は出展した作家個人々々の作品や個別の事物に還元しちゃったように思う。その違いが、ロラン・バルトにしても、レヴィ＝ストロースにしても、ミシェル・フーコーにしてもわかっちゃいなかったんじゃないか。こういうことをいっていいのかわからないけど、彼らですらやっぱりオリエンタリズムなわけ？ という感じかな。

――磯崎さんがよく述べている「日本的なもの」というフレーズを使って自らの建築を位置づけている行為や「日本的なもの」という考え方そのものについて、先生はどのようにお考えですか？

八束 磯崎さんの著書『建築における「日本的なもの」』について二回ほど書評を書いているので、そちらから話します。一つは、『10+1』のウェブ版のために「歴史の迷路・迷路の歴史」（二〇〇三年六月）という文章を書きました。もう一つは、AAスクールの出している雑誌『AA Files』の五八号に'Autobiography of a Patricide: Arata Isozaki's Initiation into Postmodernism'という原稿を書きました。後者は英語の読者向けに、日本語の文章よりも説明的に日本の文化について書き加えたものです。かなり違う文章ですが、どっちも結構な長文。だからそれを読んでもらえば僕の評価はわかるはず。『思想としての日本近代建築』（岩波書店、二〇〇五）に書いたけれども、「日本的なもの」については、その前から堀口捨己さんや丹下先生が論述しているわけです。磯崎さんはその系譜に連なりながら、自分のアイデンティティを示すためにあれを書いたと思う。僕のはそのまた続きみたいになるのかもしれないけれども、スタンスは少し違います。
　もっとあとの世代の日本の建築家は、そもそも日本の伝統に関する教養なんかが磯崎さんとは比べようもないから、西欧での受け取られ方も違うだろうけど、いまだにやっぱり彼ら西欧の人たちとは違う、エイリアンな存在という感じで見られているんじゃないかな？　昔レム・コールハースと話したとき、伊東さんの作品に対してだったか、西欧社会ではああいうものはできないといっていた。社会的責任がとかいっていたので、レムがそれをいうかと驚いたけれど、伊東さんよりもっとあとの世代だと、僕なんかにも、ロゴスに対峙している建築家像というのじゃなくて、きれいな繭を紡ぎだそうとしている（だけ）というように見えてしまう。この間、太田佳代子さんが、最近の日本の建築家の評価が欧米では高すぎるといっていたけれど、これは僕も同感。

《MOCA》

——《MOCA》の始まるきっかけをお聞かせください。チーム構成としては、八束先生のほか、菊池先生と渡辺真理さんだったと思いますが、どうしてこのメンバーが決まったんでしょうか？

八束　単に英語ができる奴を集めたということでしょうね。チームでは渡辺真理さんが主担当。英語は彼が一番うまいし。もともと、渡辺さんはハーバード大学にいく前に磯崎アトリエに在籍していたんですね。それで、ちょうど《MOCA》の始まる頃に日本に戻ってきたんですよ。そこで、僕と菊池さんが担当に選ばれていたので、一緒にやれという話になったんじゃなかったかな。あと、ロナルド（ロン）・ローズとアリン・ウィンダマンというアメリカ人カップルがいた。この二人は、たしか磯崎さんがコロンビアでスタジオをした際に参加していた学生で、二人で日本に来て働こうという感じだったのかな？

——日本側のスタッフの体制はよくわかりました。一方で、ローカルアーキテクトとしてはビクター・デビット・グルーエンの創設したグルーエン・アソシエイツが関わっているわけですよね？　当時のアメリカにおけるローカルアーキテクトの制度はよくわかりませんが、基本設計までを磯崎アトリエで行い、実施設計をグルーエン・アソシエイツが行ったという組織的な流れなんですか？

八束 MOCAが提示した条件の中に、最初からグルーエンの名前が入っていたかはわかりませんが、アメリカのローカルアーキテクトを入れて基本設計から行うというのが条件としてあったと記憶しています。磯崎アトリエにはアメリカのライセンスがないんだから当然でしょう。また、磯崎アトリエも基本設計で終わりというわけではなかった。だから、僕らもアメリカに行って常駐していました。

アメリカの設計のシステムだと、基本設計のあとはすぐに実施設計ではなく、間にデザイン・ディヴェロップメントという中間の段階があります。このデザイン・ディヴェロップメントまでは、磯崎アトリエが主になって作業することになっていた。実施設計というより、施工図みたいなものまで描いていく段階になってからはグルーエン・アソシエイツの主導という体制。だから、その前のデザイン・ディヴェロップメントの際には、僕らが向こうの構造や設備の人と設計を進めていました。たぶん、二〇分の一くらいまでの矩計までは僕らが描いていましたね。向こうは十二進法で、インチ・フィート法で描くから二〇分の一とはいいませんけどね。僕と菊池さんはそこの段階までやって日本に撤退しました。その後は、渡辺さんがグルーエンと一緒になって現場を管理した。

――では、当時の国際的な仕事のやり方についてお話をお伺いしたいので、もう少し仕事の進め方について聞きます。初期段階は常駐していないですよね？　その際は、メールもなかったはずなので、どのように打合せをしていたのですか？

八束 どうだったかな？　クーリエ（国際宅配便）みたいなものだったかな？　いずれにせよ、最初のほうは施主側との打合せもそう密にコミュニケーションする必要はなかったでしょう。ある程度進んだ段階でロサンゼルスに行った。ダウンタウンに仮のミュージアムオフィスがあって、そこで僕らも作業をしていた。あそこのダウンタウンは少なくとも当時は危ない地域で、夜中まで仕事をしていたら外で何か騒がしいので上から見てみると、警官が容疑者を壁に押し付けてホールドアップしていたりした。進んでからはもう少し郊外のグルーエンのオフィスに移って、デザイン・ディヴェロップメントの図面を引き始めることになったと記憶しています。

アメリカは、仕事上のヒエラルキーがはっきりしていて、建築家は建築家、ドラフトマンはドラフトマンという区別が厳密にあった。ちなみに、そこで図面を引いているのは、シーザー・ペリの下でドラフトマンをしていた人でした。日本のアメリカ大使館の設計にも携わった人で、退職していたのに呼び返されて《MOCA》の担当者になったみたい。彼は打合せを僕らとはしないで、僕らが絵を描いている席を回って様子を伺っては自分の席に戻りササササーっとディティールの絵を描いて、これはどうか？　ってもってくるんですね。すごい早いんです。僕らの三倍くらいの早さで描くわけ。でも、ドラフトマンはデザインはしない。たとえば、ディティールについても、デザインのインテンションからいって違う、といって、こうやってください、というとあっという間に変更してもってきてくれる。本当に図面の職人って感じだった。

　全体の打合せは、磯崎アトリエのスタッフとクライアントが全員集まって行われました。クライアントというのはミュージアム側のコミッティ。それに、この計画は「カリフォルニアプラザ」という計画の一部だったので、そこを取り仕切っていたカナダのキャデラックフェアビュー社という大ディヴェロッパー、それと彼らが全体計画を依頼しているバンクーバーにいる建築家のアーサー・エリクソン。

――クライアントたちには、どの段階から磯崎さんより送られてきたスケッチを見せたりしたんでしょうか？

八束　かなり早い段階から。日本で磯崎さんが描いたスケッチを、僕らが図面や模型にしてディヴェロップしてからロサンゼルス事務所にもって行って、それをもとに打合せに臨んでいた。でも、打合せにボブ・アーウィンという結構有名なアーティストが自分の案をもってきたりして大変でした。アメリカ人は遠慮なくいうからね。で、案がだんだん後退していった。プレスリリースの案はあんまり特徴のない案で、プレスリリースが終わった際に、建築家に対するリスペクトがない、みたいなことを磯崎さんがこぼしたのが“The L.A.Times”に掲載されて、クライアントが激怒してしまって結構大騒ぎになった。僕はこの仕事は終わった……と思ったくらいで。

――《MOCA》は磯崎さんの最初の海外での実施プロジェクトだったということなので、相当力が入ったことでしょうね。注目も集まったことでしょう。

八束　そりゃそうですね。今と違って日本の建築家が海外、特に先進国で建てるのは珍しかったから。僕もそれなりに入れ込んでいた。でも、なかなかうまくいかなかった。僕はもともとあのデザインは好きでなかったし、クライアントとの関係も好きじゃなかったので、中止でよかったと思っていたら、ミュージアム側はけしからんという世論ができて案を出し直したんですね。それが実施案になって、僕らはもう一度ロサンゼルスに行かなきゃいけなくなった。あれは正直結構辛かった。

――ちなみに《MOCA》は、磯崎さんがそれまでにやってきた形態要素をすべてくっつけたような建築だと思うのですが、どうしてあのようなデザインになったのでしょうか？

八束　ヴォールトとか黄金分割の手法とか？　それくらいでしょう？　プレスリリース案は、そのヴォールトもなかった。ヴォールトがくっついている一番上の部屋がミュージアムボードっていう最高決定機関の部屋なんですけど、僕は《MOCA》開館の一〇年後に《MOCA》の世界巡回展（End of the Century）のアドバイザーになった際にあの部屋に行くことになって、できてから初めて見ました。ヴォールトは磯崎さんの中では安定した手法だから空間はよかった。

――マテリアルとしては、《福岡相互銀行》にも使われた砂岩も使われていますよね？

八束　そうね。あの赤色砂岩はアメリカでは採れない。関ヶ原石材とパサディナの石のエージェントがタイアップしてインドから持ってきたんですね。だから、《福岡相互銀行》と同じものです。

――そういうグローバルな社会の構造を利用し、いろいろなマテリアルやデザインモチーフを組み合わせた建築という点では、ポストモダン的というかマニエリスティックという印象を受けますね。それまでは、国内で産出されるマテリアルやそれに見合ったデザインモチーフの中だけでできていた建築が、グローバルな社会構造の中でできていくようになったともいえなくはないのではないでしょうか？

八束　どうかなぁ。そんなことは考えていなかったとは思いますけどね。

――ちょうど同じ頃ですかね。ロサンゼルスで住宅も設計していましたよね？

八束　二つありましたね。それはロンとアリーンが担当していた。『建築文化』とかに載りました。一つは映画関係者の住宅なんですが、この住宅のクライアントが現場に映画に出ている俳優さんを連れてきたので、ロンが「どういう映画に出ているの？」と聞くと「『スターウォーズ』と『インディージョーンズ』」といったそうなんです。ハリソン・フォードだったわけね。

ことば（批評）ともの（建築）

――現在から振り返りながら、八束先生が見た「建築家としての磯崎新」と「批評家としての磯崎新」について先生の評価をお聞かせください。

八束　磯崎さんが歴史的に極めて重要な建築家であることは間違いない。さっき話した《群馬県立美術館》以降はフォルマリズムになったとは思うが、あの作品は最高傑作だという意見に変わりはありません。それ以降の《北九州市立図書館》や《北九州市立美術館》もとてもいい建築で、最後の傑作は《神岡町庁舎》だと思う。今だからいえるし、広い同意を得られるかどうかはわからないけれど、僕がアトリエに入って以降の磯崎さんの建築で僕が本当にいいと思うものは正直あんまりない。

　思想家としてというか、物書きとしての磯崎さんは、その前の丹下さんの活動と比較してしまいますね。一九七〇年を境に丹下さんは急速に建築が大きくなっていき、それにともない面白いことも書かなくなった。磯崎さんの文章も、グローバルな活動にともない大きいものを建て始めてからは面白くなくなるんだろうなと僕は思っていたわけですが、そうはならなかった。磯崎さんが書いた文章には、いまだに耳を傾けさせる力があるとは思う。

　ただ、ブルーカバーの初版『空間へ』（美術出版社、一九七一）を最近読み返したんだけど、『空間へ』は線を一生懸命引いて読んでいるくらい僕の学生の頃のバイブルみたいなものだったのに、ちょっと印象が違った。飛躍が多いんです。磯崎さんは文章がうまいのでレトリカルに文章がまとまっちゃっているけれど、論理的にはそれは違うんでは、といいたいところもある。たとえば、都市デザインの系譜について説明する際に、最初が実体論的で、次に機能論的になり、次第に構造論的に変化し、最後は象徴論的になる、という流れで説明するわけですが、これは基本的には当時翻訳が出版されたばかりのエルンスト・カッシーラーから引いている。磯崎さんもそのことは書いているんですけどね……。カッシーラーの「substance」という概念について、磯崎さんは「ものとしての建築」と説明してしまうけれど、カッシーラーの概念はじつはもうちょっと混み入っている……とかね。若い頃にはわからなかったけれど、その辺は少し見えてきた。磯崎さんの書いているものには、額面通り受け取ってはいけないところが結構あると思う。これはケン・オオシマさんも同じことをいっていましたね。

――先生が設計を評価するという場合は、何を見て評価しているのでしょうか？　機能的なものか？　理論武装された表現なのか？　雰囲気なのか？

八束　必ずしも理論にともなわれなければとは思わない。建築雑誌でどんなインチキなことを書いていても——磯崎さんがそうだというのではなくて——、それと建築物そのものの評価とは関係が別だと思う。う～ん、これいいなという直感的な評価をする場合もある。ただ、それは人それぞれ違うだろうからね。

——なんでこの話を詰めて聞取りをしているかというと、先生は二〇〇七年くらいから真壁智治さんが提唱し始めた「かわいい建築」を批判的に評価していたからなんです。そこで「かわいい建築」と「社会」に評価されるべき建築との違いは何か、ということを明確にしておきたいということなんですね。

八束　「かわいい建築」には理論や思想が全くないというだけじゃなくて、見ても別にどうでもいい、と思ってしまうということですね。僕が古い人間だからということは否定できない事実ですが。でも、だからといって、建築のために書かれた文章を読んで、それに沿って建築物を見るような野暮な評価はしません。ただ、書かれた文章と実際の「建築」を比較し、そこにあまりのギャップがあると、う～ん……と考えてはしまいます。磯崎さんにすら、そういうことがあるかもしれませんね。言葉でうまく逃げる場合もあって、そういうときは、それは違うでしょと思う場合もあります。とはいえ、たしかに矛盾かもしれないけれど、それに整合性をとる必要があるとは思わない。

——では、なぜ、そのようなズレが生まれてしまうかもしれないにもかかわらず、磯崎さんのように建築物をつくるのと同時に言葉を書いて理論を語る必要性があったのでしょうか？

八束　必要があるかどうかはわかりません。書きたければ書けばいいだけのことです。僕も興味があるから文章を書いているだけですね。建築家であることと、僕自身の書く文章はリンクしていなくてもいいと思います。作品発表の際に書くときに、それをドラマタイズすることとは気恥ずかしくてできなかったけれども。

僕の場合、「建築」をつくることにおいても「文章」を書くことにおいても、ある種の「社会」を語っているだけなんです。ちなみに、前にもいったようにここでいうところの「社会」というのは、設計された建築物を通して社会をよくしようというような改良主義的な思想でいう「社会」ではありません。それはワンファクターでしかない。

——ちなみに、磯崎さんが述べている「都市からの撤退」という言葉についてはどのように捉えていますか？

八束　磯崎さんは何でも格好よく決めてしまう人だから、撤退もあまりに格好よくいった、という感想はある。現実に今も都市の展覧会をやっているし中国の鄭州でも実施やっているし、撤退してないじゃんとも思う。ただ、ご本人は、俺は建築なんかやるつもりはなくて、新しい都市デザインという分野自体を確立するんだ、という意気込みで一九六〇年代の仕事をされていたわけで、その思惑が万博との関与で限界にあたった。それは本当にもう倒れるぐらいやったという自負があるんでしょうね。それに対しては、後続世代である我々がとやかくいえる話ではないと思います。

ただし、同時に丹下研の中でもデザイン班とリサーチ班があって、磯崎さんはデザイン班だけど、リサーチ班がやっていたことは逆未来学が取り上げてきたようなテーマに近い。それは磯崎さんが終始関心がないテーマだった。だから磯崎さんの都市というのは、最初から非常に限定されたものだったということも事実なわけで、だとすればそもそも最初からやってなかったじゃない、といういい方もできなくはないね。もっともふつうの職業的な都市計画家からすると、お前のも同じだろう、都市計画なんかじゃない、といわれるかもしれないけどね。それは甘んじて受け入れます。

II
実践の中から：設計と批評

05　独立と実践

独立

——ここからは、磯崎アトリエから独立した当時のことについてお話をお聞かせください。一九八五年に事務所を立ち上げていますけど、きっかけはなんだったんですか？

八束　このままだと賞味期限が切れてしまう、と思ったからですね。三〇代のうちに独立しておきたい、とも思っていました。仕事が見つかってから独立するというのもありますが、そうしているといつまでたっても独立できる保証はないと思い、清水の舞台から飛び降りるつもりで独立したんです。

——なぜ、UPM（Urban Project Machine）という社名にしたんですか？

八束　IBM（International Business Machines Corporation）の捩りです。ビジネスマシーンか、それ面白いなと。当時の僕は、ドゥルーズの「マシーン」という言葉の響きにも惹かれていたわけですけどね。それが重なった。遊びですけど。

——先生が独立した当時の「アトリエ」という呼称のイメージはどういうものでしたか？

八束　磯崎アトリエに入る際に、磯崎さんから一〇人を超えないのが「アトリエ」といわれました。それを超えると自分のコントロールが通らないからじゃないかな？　当時の磯崎アトリエは、そういう雰囲気はあった。ただ、丹下研究室はそんなことといっていられないわけですよ、仕事が多くてね。でも、磯崎アトリエも、《つくばセンタービル》の際に一〇人を超えて、そこからもとには戻らなかった。

——当時のアトリエ事務所は、その後に巨大化してグローバルな建築事務所として世界の建築家と戦うイメージをもっていたのでしょうか？　当時のアメリカの個人事務所のように、一〇〇人以上のスタッフを抱えるイメージを日本のアトリエ事務所はまだもっていなかったように思うんですよね。ただ、一九八〇年代くらいを境に、「アトリエ＝建築家先生の思想のもとで設計している小事務所」というイメージを日本も払拭していったように思いますが……。

八束　その点については、あまりちゃんと考えたことはないんだけどね……。

あるときに、マレーシアからAA出身のケン・ヤングという若い建築家が日本に来て、うちの事務所は一〇〇人いて、超高層ビルをボンボン建てている、というんですね。彼の父親は国の副首相か何かで、政治的なコネクションを利用してデカい仕事をどんどんとれるらしい。彼だけじゃなく、こういう若い人たちでも、コネさえあれば独立していきなり大事務所ができてしまう。今も昔も日本ではあり得ないことです。群小のアトリエが成立するのは先進国だけ。ましてや、独立した当時の僕にはそんなことは考えも及ばなかった。今の隈事務所などは、組織事務所かアトリエ事務所かわからないような規模のアトリエ事務所だけど、日本では特殊な事例ですよね。ヨーロッパでも小規模のアトリエから始まるけど、巨大な組織事務所のようになったアトリエは、ザハ・ハディドの事務所やレム・コールハースのOMA/AMOなどひと握りでしょう。グローバルに戦えている事務所だけです。ただ、独立したての彼らを見ていても、こんなことになるなんて夢にも思わなかった。僕の事務所は、最大で一〇人程度の小さなものでしたからね。

——話は戻りますが、先生は最初にどこに事務所を構えられましたか？　また、どういう仕事をしていたかということについてお話をお聞かせください。

八束　最初は麻布台。飯倉の外交史料館の斜め前あたりに、所員と二人で一〇坪程度の事務所を構えました。クラマタデザイン事務所から独立したばかりの沖健次さんが、パートナーの渡辺妃佐子さんと立ち上げたTHE AIR DESIGN STUDIOも近くにあった。僕はたまたま母親がもっているワンルーム・マンションがあったので、そこを借りて事務所を立ち上げただけ。

仕事のスタイルは、磯崎さんと一緒だった。最初は批判的だったのにね。磯崎さんが案を出すまでは仕事が進まなかったのと同じで、僕が案を出すまでは始まらなかった。だから、もっといい案が出るのではないのかという気持ちで悶々としていることもありました。まあ、磯崎アトリエの仕事しか知らなかったというのがあってね、スタッフの案をどのように汲みとればいいのかわからなかったんですよ。独立した当時、伊東豊雄さんや多木浩二さんとのお付合いがあって、多木さんから伊東さんはなかなか自分ではスケッチをしない、という話を聞きました。でも、ふーん、どうやって進めているんだろう、と思うばかりで、そのやり方に関して想像もつきませんでしたね。わりとそういうことができるようになったのは、芝浦工業大学に籍をおいて研究室をもってからの話だね。設計じゃないけど。

歴史へのオマージュ

──『建築文化』の「分散的構造とシンボリズム 1984–85」(一九八六年三月号)という記事に初期の八束先生の作品はまとまっていますね。

八束　最初の作品は、西武立川という場所にすでに建っている診療所の上に住宅の機能を増築するプロジェクトでした。《岡部邸》[fig.01]といいます。

──この誌面に目を通していると、ル・コルビュジエやアドルフ・ロースなど近代建築をつくっていった時代の人々のデザインを意識されたデザインの作品が多いのではないのかなと思うのですが、実際のところ意識されていたのでしょうか?　特に、《外川》という美容院や《岡部邸》などの写真を見ていて思いました。

fig.01《岡部邸》

八束　それは建築史を知り過ぎていた故の問題だったかもしれない。たしかに《岡部邸》の外観に関してはロースを意識していました。増築だしロースのような複雑な内部空間ではありませんけど。スタイルを一種の言説と見る傾向が僕にあったことは否定できません。

――一九八〇年代後半にできた《アンジェロ・タルラッチ・ハウス》も、ル・コルビュジエそのものだと思います。

八束　ワッペンみたいについている上のところだけだけどね。そもそも、当時は興味をもって調べていた建築、ロシアとかウィーンの建築をよく参照していました。ただし、特に誰かの作品を参照すると決めていたわけではありません。

初期の京都の《外川美容院》は、もっともポストモダン的な表現になってしまっている作品です。ウィーンのゼツェッションをちょっとだけイメージしていた。まぁ、ローコストで小さな建物ですから、そういうのもおこがましいようなものですけど。こうしたやり方は、磯崎さんが「引用の建築」と呼んでいたものと近かったことは否定できません。音楽の指揮者が作曲するとそういう傾向があるのと似ているかもね。

――こうした質問の背景にあるのは、「ポスト・モダンないしポストモダンとはなんだったのか？」という思想的な言葉になんらかの回答を出したいということなんです。特に、先生が自らのことをモダニストと位置づけるのであれば、その時代の中で生まれてしまった「ポスト・モダン」あるいは「ポストモダン」という言葉と、自らのデザインした建築をどのように切り離しながら考えていたのかお聞かせください。

八束　僕の中でも論理化しているわけではないけど、ポストモダンの波に乗ったというよりは、現代思想におけるテクスト論でもよく語られたことなんですが、すべてのテクストが「引用の織物」だったということかな。新しいかたちを生み出すというよりは、それを引用することでどのような新しい意味を見出すかということに興味がありました。

――たしかに、ル・コルビュジエやミースの作品も「引用の織物」と呼べる側面はあります。ただ、それはプランニングや技術的なところに見ることはできますが、その表現としては見えづらいのかもしれません。それにもかかわらず、建築をつくる際のデザイン表現において、引用したことがあからさまに視覚的に表現されている感を拭えない建築をポストモダンと呼び、「引用の織物」であるというのは何か異なっているような感を受けますね。

八束　参照源に古典的なものが入っているからポストモダンというような位置づけには意味を感じてはいません。参照源が何かは引用者にとってどうでもよいことではないので、僕がモダニストだというのはそこにも関係があるし、《つくばセンタービル》の新古典主義に賛同していないのも同じです。ただ、言語を創設しようとしたミースやコルビュジエの時代とはテクストへの意識が違うという意味で、ポスト・モダンというならそれは否定しません。モダニストだといっても、ミースやコルビュジエのような意味でそうであることは当然できないでしょう。時代背景が全然違うのだから。

――「分散的構造とシンボリズム1984–85」に出てくる多くの作品は、ほとんどがスケッチなのですが、実現させようと思ってつくったものなのでしょうか？　芝浦工業大学でのヴィジョンをアウトプットする研究のようなことを、大学以前に行っていたのでしょうか？

八束　いいえ。そんなことやってても食えないじゃないですか。

――では聞き方を変えますが、磯崎さんは美術館の中でカギ括弧つきの「建築」としてアートワークを制作してきたと思うのですが、そういう活動を先生はされなかったのでしょうか？

八束　してきませんでしたね。僕は自分がアーティストだと思ったことはないし。

――作品集にはアイデアスケッチのような、実施になっていないものがあったので、そういうイメージだけをつくっていた時期もあったのかと思いました。

八束　いやそんなことはないよ。たしかに最初から実施に関係ないプロジェクトはあったけれど、それもお金はもらえた仕事です。とにかく食いつなぐのに懸命でした。たとえばSYNAPSという計画は、錦糸町の駅前に大規模開発を行いたいということで、地元の政治家の方から頼まれてつくったものです。あるイベントでお披露目するためのパイロットプラン。

　この時期のこうしたイメージプロジェクトはほかにもあります。たとえば、《ランデブー・ド・ベルヴュー》[fig.02]という二つの作品は松屋の展覧会に出したもので、ルクーの同名の作品（「見晴所」の意味）に想を得たイメージ型です。いろいろな様式が混在しているこのルクーの作品同様に、一つの様式に捉われない断片のような「建築」をつくろうと考えたんですね。なので、この「建築」はファサードしかありません。僕がスケッチしたのをもとにして、レリーフのような模型をつくりました。

――ジャンルを超えた展覧会みたいなものが多かったのですか？

八束　そうね。松屋のデザイン・コミッティが媒介して、そういう企画がありましたね。メタボリズムの発足のきっかけを与えた世界デザイン会議の文脈なんかにもつながっていたのね。当時は意識していなかったけれど。沖健次さんと僕の交流もその一例で、いまだによい友人ですが、彼の事務所も倉俣さんの事務所も乃木坂にあったこともあって、倉俣―磯崎みたいな、沖―八束といった人間関係の構図ができて、しょっちゅうお茶やランチをしていました。

倉俣さんに関しては、渋谷西武にできたメッシュでできたイッセイ・ミヤケのお店の批評文を『JAPAN INTERIOR DESIGN』の後継のインテリアデザイン誌『i-con』に書きました（一九八七年九月号）。そのときに鈴木了二さんも竹山聖さん設計の乃木坂のビルの地下にあったバーについて書いて、その二つの原稿を倉俣さんが気に入ってくれて、二人一緒にご馳走してもらったことを覚えています。ほかにも倉俣さんや沖さんの展覧会や新作のお披露目があると出向いていったので、そこで倉俣事務所OBをはじめ多くのデザイナーと知り合いになりました。雑誌の『i-con』を通して知り合うことも多かったけれど、建築家の中ではインテリアデザイナーの知合いが多いほうだったのではないかな。

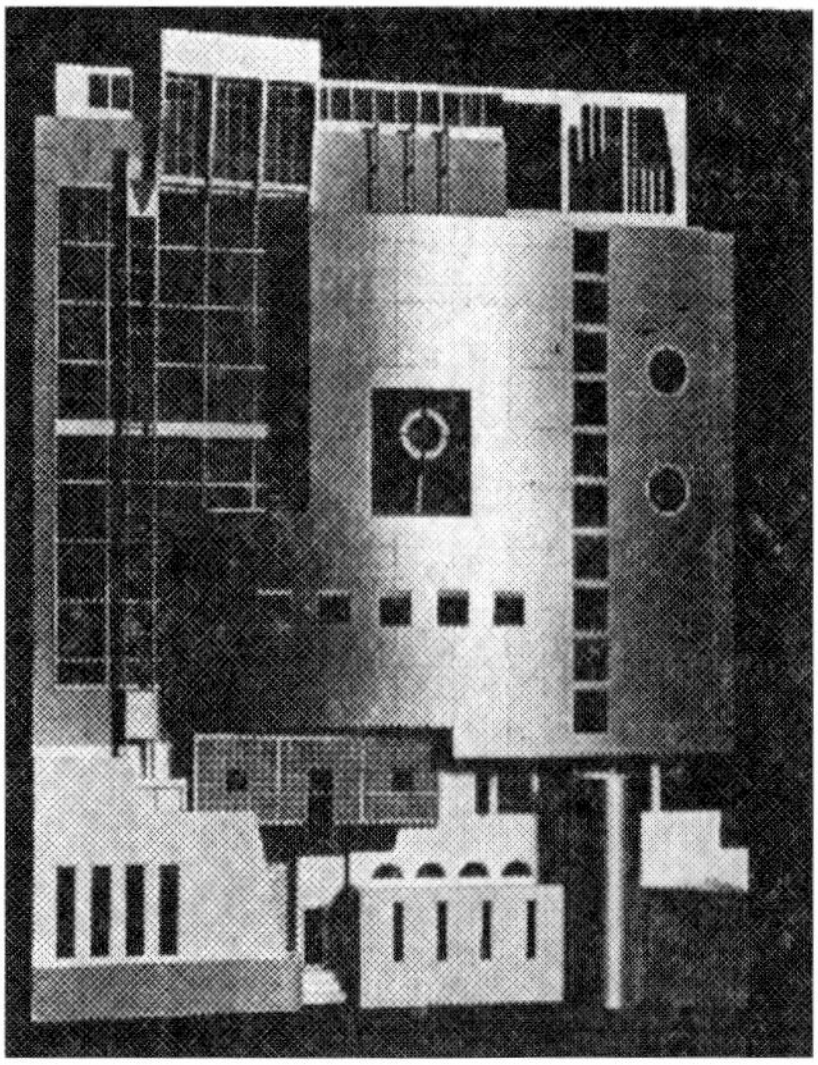
fig.02《ランデブー・ド・ベルヴュー》

――それは人間関係が広がったというだけではなくて、先生のデザインの仕事にも影響を与えたのでしょうか？

八束　どうかな？　でも仕事の環境としてはあったでしょう。日本のインテリア・デザインというのは基本ショップ・デザインだから、消費文化に直接関わっている。倉俣さんのインテリアとか、安藤さんの商業建築とか、もちろんさまざまなファッション・デザインとか。八〇年代には日本の消費文化が極めて洗練されたレベルに到達していた。

この時期に、僕は「表象の海に建築を浮かべよ」というようなことを書いています。都市の中で建築がアイデンティティを宙吊りにしたままで浮かんでいるというような感じに興味があったわけです。それが都市における建築のあり様であるような感覚というのか、《ランデブー・ド・ベルヴュー》はその試行作品みたいなもの。

《アンジェロ・タルラッチ・ハウス》[fig.03]も黒いアルミのファサードの手前に薄い建物が張り付いていて、ル・コルビュジエの引用である赤いパラペットと黄色い階段がそれを彩っている。デザイナーであるタルラッチ自身のサインを鮮やかなブルーで黒いファサードに張り付けたり。敷地の前ではなく後ろに設けられた黒いファサードはパンチングウィンドーが開けられていますが、ブティック自体のファサードではなくて、背後に広がる都市の街並みをシンボライズしていますが、実際にはもっと低いのに六層の窓の列にしたりとか……。そういう遊びをやっています。

――コンペにも参加されていますね。

八束　そうね。藤沢湘南台のコンペとか駒ヶ根とか那須野が原とか。湘南台は、長谷川逸子さんが一等をとったものですが、僕らのは佳作で。これの正面は《タルラッチ・ハウス》の展開形ですね。黒い街並み風の仮面ファサード。プラネタリウムの屋根はパラボラ形で、注目されたみたいだけど、モスクワのプラネタリウムの引用です。《アンジェロ・タルラッチ・ハウス》のル・コルビュジエと同じね。あと、駒ヶ根は巨大な敷地に配置される三つの建物が各々違う表情をもつようにした。正面に大きなホールをもってこずに迂回させるような案でした。那須野が原は都市の中の施設じゃないのでランドスケープの中に融解される建築にした。

でも、一番愛着があるコンペは優秀作に終わった新潟の文化会館のプロジェクト。いろいろ事後にあったコンペですけれど、それはさておき、概要だけ説明しておくと、巨大なブーメラン形の下部構造に逆円錐のガラスの塔が配され、さらに一〇〇mの針みたいな塔が地面からのテンションで支えられている案[fig.04]。前者はメーリニコフの、後者はレオニドフの引用。「引用」というより「オマージュ」といったほうがいいかもしれない。この二つは機能的には無理筋だったと思うけれど、傾斜したブーメラン形の「大地」と対比されたコスミックなオブジェクトとして今でも気に入っていて、三〇年後の今でも僕の部屋に案のパネルをかけてある。でも、コンペって、自分ではそれなりに自信があって応募するから、外れると悄気るよね、結構。

同じ構成を同じ新潟の長岡の越後丘陵公園のフォリー（これはあとで触れる花博フォリーのときの関係できた仕事）で五分の一のスケールで再現しました[fig.05]。ちょうど公園の基本コンセプトだった「天・地・人」に対応させています。それに用いる素材も違えて、ベースのブーメラン形は「地」は土色のタイルのグラデーション。「天」はガラスのツインタワーで、風車をはさんでいます。「人」は木の格子のカゴみたいなもので、間に補強のために鉄のフラット・バーをはさんでいます。こういう素材へのアプローチはのちの熊本の地域交流センターに引き継がれていきます。

——文教大学の一連の作品については、どのような経緯で仕事が始まったんでしょうか？

八束　アメリカをテーマにした作品で有名なグラフィックデザイナーの鈴木英人さんという人がいるんです。彼は、同時に現代美術のプロデューサーでもあったんですね。それが建築もプロデュースしたいということになったらしい。具体的には、建築家に建築をつくらせて、そのロビーに自分の作品やプロデュースした現代美術のコレクションをリースで置いてもらうというようなことをしていて、僕にも声がかかったということなんですね。当時の文教大学は北越谷と湘南に大学キャンパスがあって、古い北越谷キャンパスは再開発をしないといけないということで、再開発のマスタープラン段階から検討をしていきました。

——マスタープランはどのようなものだったんですか？

fig.03《アンジェロ・タルラッチ・ハウス》
© Hiroyuki Hirai

fig.04　新潟文化会館コンペ案
© Hiroyuki Hirai

fig.05　越後丘陵公園のフォリー
© Dana Buntrock

八束　キャンパスの狭さからいって選択の幅はなくて、建替えの方法や現場のタイムスケジュールなど管理上のシステムづくりでしかない。体育館を最初にやって、いろいろな機能が入っているセンターハウス（八号館）、その後に五号館という教室棟。メジャーなのはその三つで、四年か五年かかりました。

デザインで力が入ったのは体育館［fig.06］。例によって「仮面」的なファサードで空間を囲った。コーナーで閉じる箱のようなものにしたくなくて、四つの立面が各々独立して、第五の面である屋根もギザギザの不均等な波形。センターハウスでは、敷地が極小で広場のようなものが設けられないので、食堂と厚生施設を平屋にしてその屋上部分を広場にして、上の階の研究室や教室から降りる際には、その広場を介してさらに下の食堂に行くという導線をつくったんです。そうしたら、最終プレゼンのあとに、もったいないから広場の上にも建物を乗せろという意見をある理事からいわれて、唖然となったこともあるし、建設途中でゼネコンが倒産したりと大変だった。

fig.06《文教大学体育館》

バブルの影

——バブル期になると巨大なコンペや企画が多かったのでしょうか？バブルの時代には「打上げ花火」のように建築家の作品を使うクライアントが多かったように思うのですが、こうした仕事を先生はどのように見ていたのでしょうか？

八束　ビジネス絡みで大きなプロジェクトがあることはチャレンジングだと思っていました。一九九〇年代初頭の僕は関西で多く仕事をしていました。その際に、大阪の梅田の駅前にある阪神百貨店の土地の再開発の仕事をやってみないかといわれ、レム・コールハースに一緒にやろうといって現場に連れて行ったことがある。結局できなかったけどね。

——やはり、バブル期は、企画だけあがって結局できないプロジェクトが多かったんですね。

八束　いっぱいありましたね。多くのプロジェクトに誘われる中で、多くのプロデューサーと付き合いましたから、バブルの裏側も見てきました。だから、その危うさも知っています。だけど、今の状況に比べると、資本主義に踊らされていようが胸は弾みましたよ。コールハースがいう、波に乗るサーフィンのような感覚というのはよくわかります。

――お付合いのあったプロデューサーのお名前は？

八束　まず浅井栄一さんという大阪のプロデューサー。もともとは、映画のプロデュースをしていて、一九七〇年の大阪万博では相当活躍されて、ヴェネチア・ビエンナーレでも金獅子賞をとられている。彼の会社のAAPでは栗生明さんも設計をしていましたね。僕もその後に関わるようになりましたが、栗生さんのは実現したものが多く、僕の場合は大きいプロジェクトだけど実現しないものが多かった。そういう使い分けがあったのかわかりませんけどね。あと東京だと高部正基さんという方。藤井先生とか入江経一さんとかも付合いのあった方ですね。場所的、世代的に近いこともあって一番いろいろとご一緒しました。とはいえ、野心的なプロジェクトが多かったせいもあって、結局実現された建物はあんまりない。

　もう一人、大阪のアクセス研究所の江本佳隆さんという、京都大学の哲学科を卒業された方。ものすごく優秀な人でしたよ。ただ、一方で、バブルを体現しているような人でした。さっきいった阪神のプロジェクト絡みでレムも彼のもとに連れて行ったんですよ。でも事情があって今は消えてしまった。

――「バブルは人を変えた」ともいわれています。よくいえば、建築家やデザイナーを取り巻く環境を違うステージへともちあげたように思います。その代表的な存在として倉俣史朗さんや伊東豊雄さんは、それまでとは異なるスタイルになっていった、といわれています。特に、倉俣さんは世代によって評価のされ方が全く異なっているんですね。

八束　たしかに、多木浩二さんは倉俣さんの後期の仕事を評価されていなかったね。僕はその頃のも好きですけど。当時、僕も「国際花と緑の博覧会」（通称、EXPO'90。以下、花博）に関わっていて、いろいろな外国人デザイナーとお付合いさせてもらったし、関連した商業系のイベントに呼ばれ講演をしたり、商業系メディアにも書いていました。ただ、花博以降の博覧会を通して、広告代理店が主導して外国人のデザイナーが入ってきて、これはやばいなという感じをもった。外国人が入ってくることがではなくて、表層的な部分だけで移入すること、安易なマッチメークということ。それは今の中東や中国でのイコン建築の繁茂にもいえることですが。あの辺ではまだバブルをしているわけでね。

　ただ、いまだに「表象の海に建築を浮かべよ」という英語になっている僕のテクストについて海外の研究者からよく聞かれるんだけども、今でも「欲望」みたいなものの海（連なり）として建築をデザインするということを否定する気はありません。「欲望」は当時の現代思想のキーワードの一つでもあったし。だからイコン建築にも全面的に否定的ではない。ただ、奇妙なかたちばかりだとうんざりすることは多々あるけれどね。いずれにしても、バブル崩壊以降、今の日本の建築やデザインをしている人を取り巻く社会の根底にある考え方は一八〇度変わってしまった。

――聞き方を変えますが、なんでバブルという時代は、現代において否定されていると思いますか？　今を生きている人が、無自覚的にバブルという時代を捉えている節もあると思いますが……。

八束　コマーシャリズムに対する短絡的な忌避でしょう。あの時代は皆で踊ったのにね。初期にはアンチコマーシャリズムの先陣を切っていた安藤忠雄さんが、ブティックのデザインとかコマーシャル路線を走って大成功したじゃないですか。逆説的なことだけど、アンチコマーシャリズムでありながら最大のコマーシャルアーキテクトであったのが安藤忠雄だったわけ。否定的にいっているのではなくて、それは日本の商業文化の少なくとも先端部の成熟だったと思う。けれど、バブルの波が後退するとともに、俺はあんなの本当は嫌だったんだという類の言説が一般にまかり通るようになった。当時、コマーシャルな仕事をしていた建築家で最近になってアンチコマーシャリズムみたいなことをいっている人に、本当はあれどうだったの？　と聞いて回ったら面白いと思いますよ。安藤さんはそういうことをいわないから、そこが偉いと思います。僕はバブルという時代も高度成長期も単純に否定はしません。

――戦争のときと同じですよね。今後の建築史やデザイン史に関わる者が、そうした状況を現在の良し悪しで時代を判断しそこにあった建築やデザインを短絡的に捉えるのではなく、時代時代の潮流を認識したうえでとりまとめていくべきだと思っています。

八束　そうですね。バブル経済は一九六〇年代の高度成長期から始まり、間にオイルショックをはさんでいます。上げ潮があって、いったんクラッシュして、それがさらに急速に上がった現象なんですね。けれど、これは前の高度成長期と違って世界経済と連動している。そこを切り離しては考えられない。

建築家としての僕個人も、商業建築の設計は楽しかった。施主次第ですけどね。《アンジェロ・タルラッチ・ハウス》とか、《WING 苦楽園》[fig.07] とか。建築が都市に対して示す表情に関心があったといいましたが、これらの仕事はその典型だったね。「表象の波に建築を浮かべよ」という命題を体現しています。《WING》は一つの建築なんだけど、楔状に大階段を設けてスリットにして、ボリュームが二つに見えるよ

fig.07《WING 苦楽園》

うにした。一つの建物で複数に見える、つまり街並みの一部をつくるようにしたかった。《アンジェロ・タルラッチ・ハウス》もそうだけど、一人都市ごっこみたいなものね。それで外装も石を張り分けた。二つのボリュームにはさまれた大階段はキャノピーが架かっているんだけど、そこを上がり下りする人々が通りから見えるようにしたかった。都市の劇場化というか。よくあんなことを文句一ついわずにやらせてくれたと思います。それだけに大震災のときには、自分の建物もキャノピーが落っこちたりしていないかとか心配だったけど、無事だった。僕の建てたものはその後に被災地になることが多くてね。新潟とか熊本とか。

でも話を戻すけれども、バブル期の商業建築は日本の消費文化の成熟した姿の一つであると思っているので、今でもそれへの関与を恥じる気持ちは毛頭ない。僕の作品群の中でこれらが一番モダニズム風かもしれないね、ポストモダンじゃなくて。少なくとも言語のうえでは。

——ただ、バブル後期に入って、先生たちの世代や少し上の世代の建築家やデザイナーによってモダニズム建築は否定されますよね？同じような建築を大量につくっていく画一的な物づくりの姿勢も含め否定されたわけです。

八束　あまり実りのない批判だと思いました。丹下さんやメタボリズムは否定されたけれども、彼らの建築が画一的かというと、そんなことはない。たしかに、それ以前のハイモダニズムは、第一次世界大戦や第二次世界大戦の復興事業だから画一化されたけど、大量に床を生産することが社会的ミッションだったから当然のことです。

——たとえばある講演会で、メタボリストの少し下の世代にあたる元倉眞琴さんは、高度成長期以降のワンルームやLDKタイプの住宅供給を否定していましたね。元倉さんだけでなく、世代的に建築のスタンダード化を否定していました。

八束　世代的にというのはあるでしょう。森美術館の「メタボリズムの未来都市展」に際して、僕より少し上にあたる元倉さんたちの世代でメタボリストの番頭さんやスタッフだった人たちにインタビューをしたら、面白いことに彼らはものすごいアンチ・メタボリズム。特に、槇事務所出身の人々は、槇さんをメタボリストだと思っていない。僕は意見が違うんですけどね。槇さんは巨大建築をつくりたくないなんて思っていないと思うし、実際にも設計しています。ただ、槇さんのスタッフだった人たちのメタボリズムに対しての拒否反応はすごかった。槇さんへの反発じゃなくてメタボリズムに対する反発。ある意味では、菊竹事務所にいた伊東豊雄さんなんかもそうかもしれない。

——一方で、大髙事務所の番頭である藤本昌也さんは、ある側面では大髙正人先生のやってきたことを踏襲し続けていますよね。

八束　大髙さんは人工土地（人工地盤）をつくることをし続けた人で、『ジュリスト』といった法律の雑誌にもその法的な問題について執筆していたような人です。藤本さんはそれに忠実だった。建築ジャーナリズムには取り上げられないことだけど、大髙正人という人物の思想を実現しようとする一つの方策としてすごいですねと藤本さんにいったけど、藤本さんはそうした無関心にフラストレーションを抱いておられていたようね。それは大髙さんや藤本さんだけのことかもしれないけれど、メタボリズムをただ現実性のないユートピアだとかステロタイプに捉えて批判しても意味がないと思う。

06 「実験」の時代

くまもとアートポリス

――ここからは、くまもとアートポリスを中心にお話をお聞かせください。二〇一六年四月一四日に熊本地震といわれる大震災に見舞われましたので、今回お話をお聞きするくまもとアートポリスに関わられた方としては、震災直後は気が気ではない状態だったかと思います。ちなみに、熊本地震以降、現地には足を運ばれたのでしょうか？

八束　行きました。自分が設計した建物――《美里町交流センター「ひびき」》――の状況を見たかったので。当時は、砥用町と呼ばれていて、平成の大合併で名前が変わりましたが、たまたま同じ町に建物を設計していた西沢大良さんと一緒に現地の被害状況を見に行きました。幸いなことにどちらもほぼ無事だったけれど、西沢さんの建物の近くの民家は倒壊していました。そういうのは本当に心痛むよね。

――先生方の設計されたものが、無事で何よりでしたね……。それでは、早速ですが、くまもとアートポリスへの関わりのそもそもの経緯からお話いただけると幸いです。

八束　磯崎アトリエを僕が辞めたのは一九八四年。アートポリスが正式に始まったのは、一九八九年だと思う。細川護熙さんが熊本県知事時代の一九八七年に欧州視察をするということで、磯崎さんにどこを見たらいいか？　と聞いたら、ベルリンのIBA（International Bauausstellung、国際建築博覧会）を見たらどうか、と答えたらしいんです。それがきっかけで、一九八八年に正式に話が磯崎アトリエにあり、その後に僕が磯崎さんに呼ばれて八九年に事業がスタートした。

——最初から現地にいらっしゃる堀内清治先生とともに企画を進めていったわけですか？

八束　熊本大学の堀内先生は地中海建築の権威で、もともとは建築史の桐敷真次郎先生や建築家の高橋靗一さんと同期。九州地方の建築界における重鎮ですよ。ですので、熊本県庁へのアドバイスもそれまでいろいろされていたわけ。それで磯崎さんがコミッショナー、堀内先生がアドバイザーというかたちでスタートしました。僕は事務局ということだったのだけれど、八代高専から熊本大学に移った堀内先生のお弟子さんである桂英昭さんに協力を仰いだ。彼は熊本地方の建築家の取りまとめ役となってくれました。ことあるごとに「熊本らしさ」を求められる地域だったので、こういう体制をとったわけです。桂さんも最初はなんだこいつ？　って顔で見てきましたけど、すぐに仲良くなりました。彼なしではあのプロジェクトは早晩座礁したと思う。

くまもとアートポリスでは、事務局といっても一人ではできないので、建築・都市ワークショップの鈴木明と太田佳代子のお二人にも関与してもらった。海外の建築家を呼びたいと細川さんや磯崎さんがいうので、海外用の契約書を太田さんがつくったりしていました。ですので、事務局は最初から三人体制。

表面に出ないけれども、いろいろな問題が最初からありました。特に面倒だったのが、建築家協会の系統と事務所協会の系統が仲がよくなかったこと。東京だと組織が大きすぎてお互い関係ないという感じなんですけど、熊本県くらいの規模だと仕事を取り合う関係になってしまうので、そうもいかない。だけど、両方と付き合わないといけないので、それぞれの身が立つような構造をつくって、桂さんと相談しながらことを進めていきました。

「コミュニティ」論再考

——先ほど、「熊本らしさ」というお話があったわけですが、「熊本らしさ」という言葉にはその土地の文化をつくってきた古くからある「コミュニティ」の存在が見え隠れしていますね。

今でもそうかもしれませんが、地方都市には「コミュニティ」の諸問題が偏在して機能しているわけですよね？　大都市におけるコミュニティとは違うフェーズの「コミュニティ」のかたちが存在していると思います。

そうした熊本に古くからある「コミュニティ」の問題に対し、先生はどのように向き合ったのでしょうか？　古くからある「コミュニティ」に対して違和感をもってくまもとアートポリスづくりを遂行したのか？　それとも、当時の「コミュニティ」論を問い直さないといけないと思ってまちづくりに参加したのでしょうか？

八束　それは「Yes and No」だね。山本理顕さん設計の《保田窪団地》を例にするとわかりやすいでしょう。あれは、かなり問題になったプロジェクトでもあります。それが、メディアによって全然反応が違う。たとえば、『熊本日日新聞』という地元の新聞はアンチ保田窪団地派で、保田窪叩きが紙面で繰り返されました。一方で、NHKの熊本放送局は《保田窪団地》をもちあげたんですね。そういう状況を見ていて、こうした二極化のもとはなんだろうなと思ったら、アンチのほうは結構強力な四人組の女性たちで、支持派のほうはたった一人のおばあちゃんだった。理由はわからないけど、そのおばあちゃんが理顕さんの《保田窪団地》を気に入ってことあるごとに褒めていたんです。ただ、あの建築は全体で一一〇戸で、四人にしても全体を代表する数ではないし、ましてや一人は、こちらとしては有難いけど全体の傾向を知るにはそれで代表させるわけにはいかない。

じつは、単に住みやすいか住みやすくないかという問題以前の事柄が介在していることがわかった。くまもとアートポリスの集合住宅は、あの団地に限らずほとんどが建替えで、もともとあった昭和三〇年代につくられた団地は一戸あたりおおよそ四〇㎡だった。狭いわけですが、くまもとアートポリスの建替え期にも家賃月額五〇〇〇円とか七〇〇〇円とか。二階建てで緑があって都心に近い。住民がそこに若くして入居した当時はもっと安かったでしょう。周辺の民間の集合住宅の家賃が上がっていっても、県営の集合住宅では物価スライドで家賃に反映させることはできない。そんな状況下で建て替えるということで、戸数は四〇戸くらいだったところを、国のほうから何パーセント増しの戸数にせよ、という指示が出る。倍以上ですよ。ほかのところに移った人もいるので、七〇戸とか以上は新しい人になったわけです。でも、残りは老夫婦で、子供も巣立ったので、四〇㎡でもいいかというような感覚で建替え前の住宅に住んでいた。そこに建替えということになると、三階建てのものが七階建ての高層になり、家賃五〇〇〇円だったものが五万円くらいになったわけです。階数に関しては感覚の問題ですが、家賃に関しては一〇倍という状況ですから、いいことというわけがない。建築がどんなによくても。建て替えてほしくないんだもの。

そういう状況について「コミュニティ」があったかなかったかなんて話をしてもしょうがないので、僕はその対立状況の調査を県に提案した。熊本県には、熊本大学や八代高専といった専門学校、女子短大もあるので、そういうところに継続的な調査をしてもらってはどうかといったんですが、結局受け入れられなかったですね。ただ、当時、理顕さんが京都精華大学で教えていて社会学者の上野千鶴子さんと同僚だったので、上野さんと組んで僕らとは別に調査の話を立ち上げ、実際に調査したんだと思います。新聞紙面で揉めていたときよりもうちょっとあとの話ですけどね。

ちなみに、僕はコミュニティについて自明のごとく語ることは否定的でね。空間的な関係というか隣接性が地域の人々に何らかのつながりをもたらしているとはいえるけれど、それをコミュニティという概念でひと括りにできるかどうかは疑問。ないというわけじゃなくて、調査などを通して各々の姿を解明すべきものであって、自明なスタート地点として語るべきものとは思わない。地方ならあるというのですらどうかと思う。ましてや美化すべきものとも思わない。

僕自身も大学に入るまでは地方で暮らしていた人間なので、地方の状況はわかっているつもりです。高校生までの話だし、僕の父は務め医で地方を転々としていたので、ある特定の地域に密着していたわけではないけれど、それだけいろいろな地域を知っているとはいえる。中高時代に学友たちはいたにせよ、転々としていたので「外人」として扱われていました。そのせいもあってか、地方のコミュニティはそんなに一元的ではないと思ってしまうわけです。まして、それを映画の『ALWAYS 三丁目の夕日』みたいに美化はできない。

――「コミュニティ」という言葉がさまざまな印象として受けとられてしまうので、狭義のものを「コミュニティ」、より広義のものを「ローカルコモンズ」と定義したとします。その場合、くまもとアートポリスはそれまでのまちづくりと違い、それまでの「コミュニティ」を解体し、「ローカルコモンズ」を再編していこうとしたといえるのではないでしょうか？

八束　でもコモンズというのは共同体での使用ということでしょう？それはなおさら希薄なのじゃないかな。再編しようも何も。たしかに、熊本県ではくまもとアートポリスが始まる前にもほかの事業があった。熊本市を中心として古い町屋や商店街があって、それをどのように保存・再生させていくかという計画があり、堀内先生や桂さんを中心にやっていた。そういう町屋再生事業はあなたのいう「ローカルコモンズ」の再編かもしれないけれども、くまもとアートポリスの話が始まったときに、それには手を出しません、という話をしたんですね。僕はこのアートポリスは黒船プロジェクトである、といっていた。つまり複雑な地元の調整をしていたら身動きがとれないと思ったわけ。棲み分けをしようということですね。堀内先生や桂さんはそれが当然だと思っていただろうし、磯崎さんとは話さなかったけれども、話しても同じだったでしょう。だから、くまもとアートポリスは、まちづくりに関することなら何でもかんでもやるというのではなく、そういうタイプの「コミュニティ」計画以外のことをやると決めたんですね。

ちなみに、僕がやっていた頃のアートポリスでは、理顕さんは新規住民のほうが多い《保田窪団地》で、住棟をロの字型に配置して真ん中に広場をつくり「コモンズ」といっていたね。あれは住民しかアプローチできない。《託麻団地》をやった坂本一成さんはそれに対しては批判的で、誰でも通過できる空間にした。

ただ、僕がくまもとアートポリスに関わることを辞めてから、熊本は震災にあって伊東豊雄さんたちが復興を手がけているわけですね。桂さんなんかも協力している。かなり大変みたいだけど、そこで「コモンズ」みたいなものが出てきているのかどうかには興味をそそられるね。寄り添って生きなくてはならないような状況が生じたわけだから。伊東さんが東日本の震災でやった「みんなの家」みたいな事業が熊本でどう機能しているかね。

くまもとという実験場

八束　あと、僕は都市工学出身なものだから「面の都市計画」をやりたかった。くまもとアートポリスは「点の都市計画」なんですよ。現実的に、当時の市町村や県の事業のあり方を鑑みると、点でしかありえないのはわかっていたけど、アーバンデザインを勉強してきた人間だから、「面の都市計画」をやりたかった。けれど、「面の都市計画」としてできたのはせいぜい団地計画くらい。

――「点の都市計画」というのは、個性豊かな作品の群ということですよね？　そうした考え方で、まちづくりとしての全体像はできたとお考えでしょうか？

八束　できるものではないでしょう。面とか点とか線というのは、ストラテジーであって、相互に矛盾するものではないとはいえ、県下全域にバラバラになるわけだし。僕も建築家として加わることになる福島県白石市のまちづくりの主導者でもあった堀池秀人さんは「点刺激」といっていました。針灸みたいなもの。もちろん、白石市は県を主体としているくまもとアートポリスより小さな規模だからプロジェクト同士の距離も近いので、一概に同じように語ることはできないけどね。アートポリスのモデルになったベルリンのIBAは、中庭型の集合住宅形式がヨーロッパ都心部の街区単位になっているわけです。なので、どの建築家がやってもある程度統一的な街並みができるわけですね。でも、そのような都市の構造から建築の形態を規定するベーシックなフォーマットが日本にはないので、「点刺激」にならざるをえない。

「点刺激」の連動的な事例として、伊東さんが《八代市立博物館未来の森ミュージアム》をつくったあとに、消防署とか養護老人ホームなどを連作で竣工させたケースもあります。ただ、くまもとアートポリスでは一人一作という縛りがあり、ミュージアム以外はくまもとアートポリスの作品として認定されていない。あれはあくまで地元と伊東さんの個人的なつながりで広がっていった「点刺激」で、意図したものではないけれど、「点刺激」が広がっていくかたちとしてはありでしたね。

――伊東さんの作品は各々が点在しているので街並みをつくる作品群としては見ることができませんが、「点刺激」でも連続していけば街並みになる可能性もあったわけですよね？　ただ、県もそのような活動には力を入れなかったわけですね。

八束　県のプロジェクト以外は県が自治体に営業をしてくれることもあり、その結果待ちなんです。だから、それ以上の話にはなかなかならない。力を入れなかったというよりも、それは難しかったということでしょう。僕らも、連続的なヨーロッパの街並みのようなアーバンデザインになるとは思っていなかったから、完成予想図のようなものは意識しませんでしたね。僕はそれはそれでいいと思う。

――では、個々の作品の話にシフトしましょう。竣工第一号でもある篠原一男先生の作品にはどういう印象をもちましたか？

八束　建築家を決めるまでの時間がなくてね、磯崎さんも海外に行っていたし、メールとか見てくれる人でもないので、僕の独断で横浜の篠原さんの事務所に行って相談をもちかけた。それまでに篠原さんが設計したものの中で一番大きかった《東京工業大学百年記念館》の倍以上あるプロジェクトだったので心配はありました。機能的にも相当な縛りはあるしね。

　ただ、僕は直感的に、縛りのきついもののほうが篠原さん向きだと思ったんですよ。ふつうは、篠原一男はアーティストアーキテクトだから、縛りのない建築を設計している人だと思われがちだけど、違うと僕は思っていた。でも篠原さんも退官されたばかりで組織がないようなものだから心配はもちろん大きかった。それで地元で一番大きい大幸設計という設計事務所をローカルアーキテクトとして据えることとしました。

――作品自体のクォリティについては、どう見ていらっしゃいますか？

八束　僕はいい作品だと思います。外装パネルのディティールは《東工大百年記念館》同様に気になりますけど、お金がない中では槇さんの建物のようなディティールをつくるのも難しいでしょうから。建築としては厳しい条件の下でよくできたと思う。

――《東工大百年記念館》や《熊本北警察署》について、私は篠原建築の転換点の一つでもあるように思いますが、どう思われますか？

八束　篠原さんに限らず、デザイナーに転換点を！　というのは僕の気持ちの中にあった。完成には至りませんでしたが、くまもとアートポリスでは倉俣さんに橋の設計を依頼しました。従来の仕事の範囲を乗り越えるようなことをしてもらいたかったからです。同じように、篠原さんにもそれまでに住宅作家というレッテルとして貼られたイメージを乗り越えてもらえることを期待していました。伊東さんだって初めての公共建築だったし。

――プロダクトデザイナーや建築家、インテリアデザイナーといったデザイナーの職能的な境界線を乗り越えていくようなことを先導していったといえばいいのでしょうか……。

八束　そうね、僕はよろず越境が好きなんですよ。今の話題でいえばインテリアの人たちとの関係ですが、前にいったように、沖健次さんを介して広がったわけですね。『i-con』の編集者と付き合ったりで彼らの業界のこともある程度わかって、その仕事の範囲を広げるお手伝いをしようとは熊本で考えた。だから公共プロジェクトにもかかわらず、梅田正徳さんとか藤江和子さんなども起用したわけね。

――くまもとアートポリスにおける伊東さんの作品に対しても、コーディネートしていくうえで同じような感覚があったんでしょうか？

八束　いやそれは逆でね。当初、《八代のミュージアム》の話がもちあがる前だったかと思いますが、伊東さんは篠原スクールの一員として、長谷川逸子さん、坂本一成さんの三人によるプロジェクトをやってみたいと思っていました。同時期に《託麻団地》の話が出ていたので、そこに伊東さんに入ってもらおうとしたのですが、《八代のミュージアム》が出てきて磯崎さんもそれでいこうと。《託麻》のほうは松永安光さんになったんです。《八代》は当初谷口吉生さんをあげたんですが断られて、そこで伊東さんがあがった。当時の伊東さんはそこまで大きな仕事をしたことがなかったんですよ。もちろん公共建築の経験もない。初期のプロジェクトだから躓いたら全体に響く懸念はあった。越境とは反対というのはそういう意味。八代の教育委員会の人も、すぐには「オーケー」とはいわずに、実作を見たうえでということになったんですが、結果、とても気に入ってくれた。そこからはトントン拍子で伊東さんの当時の代表作になりました。僕も作品としてあれはいいと思う。

――先生が直接的に設計者として関わられていた集合住宅についてお話をお聞かせください。

八束　デザインをしたというわけではないんですよ。方向づけをしたということにすぎない。《新地団地》という熊本市営の団地です。これは一〇〇〇戸を超えていて敷地も長手は一㎞くらいあります。もう一つは、さっき話に出た《託麻団地》。この二つの計画は敷地が大きいこともあって、《新地》は五年、《託麻》は三年かかっての事業になった。こうした大きいプロジェクトを一人の建築家がやるのはよくないと思ったので、何人かの建築家でやることにしました。自分が一人でデザインする際にも複数の建物みたいに見せることが好きだったくらいだから、五年にわたるなら五人に、三年にわたるなら三人に頼もうということになったわけ。ただ、それで設計料の総額が増えるわけじゃない。一人でやる設計料を等分するわけですから、当然割り損なわけです。商売ベースだったらやってもらえなかったでしょう。

《新地》の場合は東京からは、早川邦彦さんと富永譲さん。あと、磯崎アトリエの先輩の福岡で設計をやっている西岡弘さん。それと、熊本で設計をやっているお二人で、緒方理一郎さんと黒川紀章さんの事務所出身の上田憲二郎さんという混成チーム。そのうえで、マスタープランは僕の事務所からスタッフを出してまとめるが、強力なマスタープランは提示しないということでやりました。ただし、できるだけ長いのをやって、といいました。極端にいうと一㎞のファサードをもちうる建築にしてほしかった。そんなことができる条件の敷地なんてめったにないですから。僕が設計するときは、その条件下でしかできないことについてはデザインの中で生かそうと心がけていたので、それだけが僕からの注文。

これは一期、二期、三期までが一つの敷地で、その敷地の境界に面して県道が斜めに横断して、四期、五期と向かいの敷地に続くんですね。一期が早川、二期が緒方、三期が富永という担当だったんですが、この三期のところまでは皆さん長い立面をもったプランをやってくれたんです。敷地がフラットだったこともあるんでしょうね。それに比して、四期、五期の敷地はなかなかいい傾斜がある扇型の敷地。敷地を見て、ベルリンにあるブルーノ・タウトの《ブリッツ》という馬蹄形の集合住宅を思い浮かべました。このジードルングは、扇型という形状がいいということだけではなく、建物に沿わせて緑をたくさん植えているのがいいんです。一九二〇年代だったからできた建築で、現在の住民にとってはすごいリソースのはず。それこそコモンズです。こういう形状の建築は、バースの《ロイヤルクレッセント》など歴史的にもいろいろある。だから、こういうのをつくりたいというような話をしたんですよね。でも、上田さんは住棟ぶつ切りにした。大きく長い連続体としての建築はメガストラクチャーのようで嫌だ、ということだったかもしれない。でき上がったものを見て、もったいないとは思いましたよ。

《託麻》のほうは、三人仲良しだからマスタープランなしでいこうということに決めました。それは最初からの僕の狙いね。そうしたら、全員が全期に関わるということになりました。各事務所にとって経営的にも大変なことなんだけどね。全体の計画調整は、集合住宅は初めてだったんだけど坂本一成さんが一生懸命やってくれました。しかし、このプロジェクトはいろいろと内部的には調整が大変だった……。これは予想外でした。デザインということではないけれど、《新地》よりこっちのほうが僕の関与というか調整は多かったですね。

――《熊本県砥用町タウンセンター》(現《美里町文化交流センター》)のプロジェクトはどのように始まったのでしょうか?

八束　これはアートポリスが高橋靗一―伊東豊雄体制になってからのもので、それまでの仕事へのご褒美だったのかもしれない。ここではコミッショナー側から住民参加を要望された。地域の活動をしている方たちと計画について議論しながらまとめたので、要望で計画を変更したりもしたけれども、皆が納得してやれた気持ちのいい議論でうまくいったと思う[fig.08]。

このプロジェクトは、それまでと違ってタイルとか木とかモダンではない素材を使っているんです。砥用は山の中の町で、林業が盛んだったために木を使ってほしいというリクエストがあった。といっても、RCですし、現地の木材は間伐材だから実際には使えない。一番目立つのはホールの屋根(デッキの上にコンクリートを打った)を支える集成材と鉄のテンション材のハイブリッドトラスで、それをふつうのホールと違って、ステージから客席後ろにかけての放射状の方向に架けた。平面形も扇型にして奥行きを浅くしたからこれができたわけね。形ではアールトの《セイナッツァロの役場》のイメージがあったんだけど、スパンがその倍くらいあるのではるかにごつい。工場で見たときには橋みたいだと思ったくらい。でも現場で取り付けて下から見るといいスケールだったんじゃないかな。内側のホール外側の曲面壁はグレードのついた緑のタイルで、カーテンウォールを通して見える山の緑と対応させている。

fig.08《美里町文化交流センター》

それと、このプロジェクトはいろいろ環境配慮をしてある。環境設計の彦坂満州男さんの提案で、新しいアイデアを盛り込んだ。ホールのホワイエの前には池を設けてあるんだけど、カーテンウォールの下部の引っ込んだところを開けられるようにして、池で冷やされた冷気が入ってくるようにしている。ホワイエのトップライトの排煙窓からこれを抜くわけ。最初に開けたときにはとても爽快でしたね。この開口部を鏡面で仕上げて、池が深く入り込んでいるようなイリュージョンをつくろうとしたことは大成功だった。結果として、水の上にカーテンウォールが浮いているように見える。

あと、ホールの空調はダクトから吹くということをいっさいやっていなくて、床下にスペースを設けてここに暖冷気を吹き込み、床スラブからの輻射で空調をした。ホール規模でこういうことをやったのは前例がないはず。住民参加とか環境配慮とか一般的な僕のイメージじゃないと思うけど、それはそれで結構楽しかったね。ただ、この床下輻射のシステムはあとで思わぬアクシデントがあった。向かいの農地が三mくらい高くなっているんだけれども、大雨のときにそこから鉄砲水が出てホールに浸水、床下に入ってきて大きな被害があって、床スラブをはつってやり直さなくてはならなかった。でも熊本地震の際に見にいったらきれいに修復されていて、大事に使われていたのは安心しました。そういうのは設計者冥利につきるね。

白石メディアポリス

——先にも少し話にあがりましたが、くまもとアートポリスと同じ頃に、堀池秀人さんが中心となって行った宮城県の白石市のまちづくりについてお話をお聞かせください。

八束　川井貞一さんという当時の市長さんが、堀池さんと北山恒さん、芦原太郎さん、それに当時東北大学にいた川向正人さんに相談した結果、彼らがコミッティとなって《白石市北保育園》を堀池さんがやったり、《しらさぎ橋》を阿部仁史さんがやったり、北山さんと芦原さんが《白石第二小学校》を設計したりしていました。堀池さん自身は《白石市文化体育活動センター「キューブ」》という大きなホールもやっていますよね。白石市の規模であのスケールの建築をよくやらせたものだと思います。そうしているうちに、堀池さん単独に近い事業になってきて、僕に情報センターの話をもってきてくれたわけです。《白石市情報センター》[fig.09]は、じつは依頼はきたもののプログラムがなかったんですよ、驚いたことには。当時の宮城県は健康を県是にしていました。また、白石市はかなり面積的に広がっていて、その一方で地方の常として高齢化が進んでいる状況でした。だから、お年寄りが都心部の病院で診断を受けるのは大変でね。それで地域をネットワーク化して医師はセンターに、受診者は地元の公民館みたいなところにおいてこれらをつないだり、ヴィデオ・オン・デマンドで健康関連のプログラムを見せたりという提案をNHKエンタープライズというところがしていたんだけれども、これだとセンターの建物をつくる意味はあまりない。ホストコンピュータとステーションがあればいいわけだから。

そこで僕らはプログラムから提案をしました。僕の個人的なつながりで、健康や身体の問題を最新のメディアアートみたいなものにするとか、当時盛んだったアフォーダンスの研究者を入れたり、作家や機械の提案までしたりして中身をつくったんですね。それをビルディングタイプの原型としての劇場や展示場、図書館を小規模ながらアレンジして組み合わせ、さらにスタジオやワークショップも設け、各々の機能を直方体のボリュームにして、それをソリッドとネガのボリュームのマトリックスにしてできている。ちゃんとした「メディアテーク」なんです。同じ宮城には伊東さん設計の《せんだいメディアテーク》があるけれども、あれは、ほとんどがふつうの図書館と美術館の組合せで、「メディテーク」なのはほんの一部でしかない。

多機能性とメディア化みたいなことを計画した先達はセドリック・プライスで、彼の少ない実現例である《インターアクション・センター》は念頭においていました。僕らのものは、伊東さんの建築とは比べ物にならないほどローコストだけれど、プライスのものはもっとローコストでコンテナーの集積みたいな建築だった。《インターアクション・センター》は、メタボリストのカプセルと同じように取換え可能につくられたけれど、結局はそうならなかった。僕らのもスタディとしてはボリュームを滑らせたりしてデザインしていたけれども動くわけはないので、それ自体は形態的なレトリックでしかない。ただ劇場部分に関しては、イベント時以外は使われない部屋ということではもったいないので、普段は壇状のホワイエにして、イベント時は上からパネルを下ろしてきてこれを区画するとか、ギャラリー部分はガラス張りなんだけれども、七m角くらいの電動スライディングのパネルを外部に設けて遮光可能にするとかはしました。つまりボリュームは概念的にしか動かない

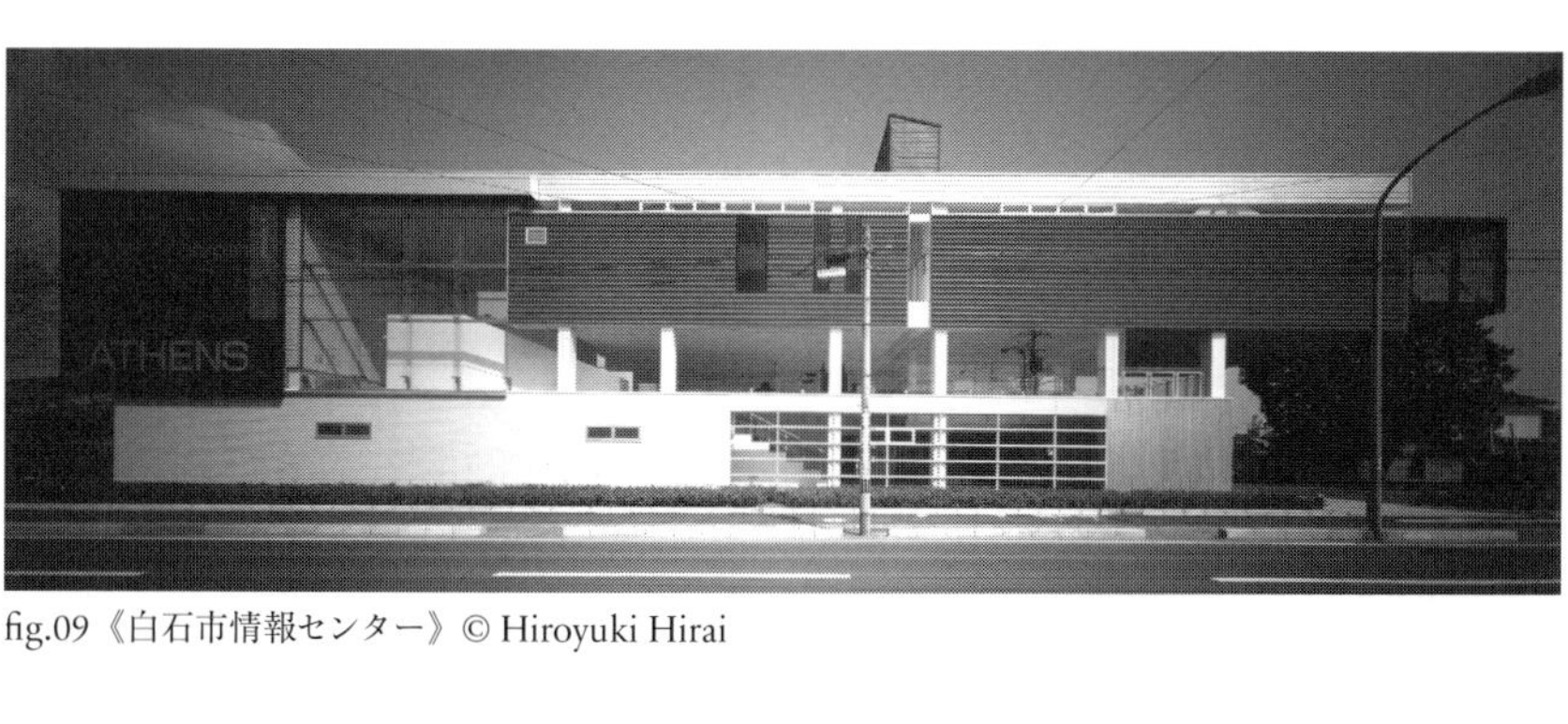

fig.09《白石市情報センター》© Hiroyuki Hirai

けれど、パネルは動く。

ただ、プログラムまでやったといっても、日本のシステムだと結局継続的には関われないから、その後どうなったかはフォローできていない。当時は高価だったといってもシステムは日進月歩だから、今じゃ残っていないだろうしね。日本の公共施設の大きな問題だと思う。

博覧会時代の功と罪

——堀池さんたちの活動も含め、八束先生たちの世代の建築家たちが、点でつなぐ都市計画をやっていた時代と時を同じくして、多くの博覧会が開催されましたね。花博、国際つくば博、また横浜博、東京都市博などの地方博が企画されました。先生は、こうした時代の流れをどのように見ていましたか？　当事者としての話も含めお聞かせください。

八束　くまもとアートポリスや白石メディアポリスも一種の博覧会だったとはいえます。そのもとになったベルリンのIBAもInternational Bauausstellung、つまり国際建築博覧会だからね。ドイツは建築博覧会の伝統があって、ドイツ工作連盟、いわゆるヴェルクブントが先導して、そういう建築博覧会を第一次世界大戦後からずっとやっているわけです。くまもとアートポリスの際に我々が参考にしたIBAは、一九八七年頃に建てられた第二期で戦後復興の完成を目的とする事業です。まだ東西ドイツが統一されていない頃の話で、統一の象徴として取り壊されたベルリンの壁がいまだありました。その壁の近いところで、昔のブロックが爆撃により壊されてそのまま遺構が残っていた場所に建てられたのがこの第二期のIBA。最後の戦災復興事業だったわけね。ヨゼフ・パウル・クライフスがコミッショナーだった。

この頃は、ヨーロッパには各地域にボスのような建築家がいるんですね。ベルリンのクライフスとかバルセロナのオリオル・ボイガスとかね。ボイガスは、バルセロナオリンピック（第二五回オリンピック、一九九二年）の調整にともなうディレクションを行った人ですね。こうした皆さんを磯崎さんはご存じなので、くまもとアートポリスが四年ごとにやった国際シンポジウムと展覧会に彼らを招待するために現地に勧誘に行ったりもしました。そういう都市計画の歴史的な功罪はあると思うけど、それぞれの事業で抱えている事情なり文脈なりがあるから一概にはいえない。

くまもとの功のほうでいうと、アートポリスに参加した建築家の大半の人が初めて設計する公共建築だったから、実績主義の公共建築業界に対して風穴を開けたとはいえるでしょう。篠原さんだって、山本さんや伊東さんだって初めてなわけですよ。そもそも実績をもった事務所が登録をしていないと公共建築へのエントリーそのものができなかったわけだけれども、アートポリスはその慣例を破った。その結果、それをスプリングボードにして、山本さんや伊東さんは、もっと大きな公共建築をやるようになったわけです。これは、明らかに功だったと思う。

罪のほうでいうと、熊本のことじゃないけど、さっきのバブルの話とつながります。花博は、ほとんどすべて電通が仕切っていました。バックには、メタボリストと行動をともにしてきたデザイナーの泉眞也さんがいたわけです。なぜこうした商売の成り立つ構造ができたかというと、大阪万博以降、地方自治体のパビリオンや海外のパビリオンはできるんだけど、基本的には企業単位のパビリオンが中心になって行われたわけです。そのため、まずは広告代理店が企業に対して営業をかけるのだけど、企業の予算は自治体と同じで単年度方式なので、プロジェクトに際して必要となる調査費やプロジェクト制作費が即出てくるわけではない。そうすると、お金をもっている広告代理店が前倒しをして立て替えるかたちで調査やプロジェクトを行うようになる。その結果、発言力をもった広告代理店の意図通りに博覧会が進行する構図になってしまうわけですね。

博覧会だけならまだしも、バブルが進行していく中で、こうした状況が一般の建築にまで波及していったんです。たとえば、僕のところにもそういう会社がきて、一般的な建築のプロデュースの仕方を教えろという。僕が博覧会だけでなく、くまもとアートポリスに関わったことも知っているからね。ただ、彼らには辞めたほうがいいといいました。建築というのはいろいろとややこしい話が起き得るので、中間に立つ人は両側にノーをいえないとダメです、といってね。単純に、クライアントを見つけてきた際に、建築家を引っ張ってきて、ゼネコンを咬ませればできるというものではないといったんですけど、全然伝わらなかったね。博覧会はライフスパンが短いですから終われば壊してしまうわけで、そういう意味では後腐れない。くまもとアートポリスのような事業では、実験の後始末もしないといけないわけです。

――こうした博覧会事業の延長線上にあるような設計に対して違和感をもたれたわけですが、博覧会自体にも問題があると思われたことはあるのでしょうか？　たとえば、一九八五年五月に『建築文化』でつくば博を特集した「現代博覧会建築考―科学万博つくば'85レポート」における「現代建築の博覧会建築」という誌面には、大阪万博のときの反博運動のような記事を布野先生たちと書かれていますよね。

八束　『建築文化』の野崎さんがアンチ博覧会だったので、そういうメンバーが揃えられたというだけでしょう。僕はそんな意図はなかった。裏から入れてあげるから記事を書いてよ、というので引き受けただけ。

つくばのときは、反博運動はほとんどなかったと思うよ。大阪万博のときは、安保闘争の渦中だったからね、状況が違います。ただ、つくば博に関していえば、その後の博覧会ブーム、地方博覧会ブームの火付け役といわれている節がありますが、そんなおめでたい話だけではない。火だけつけるだけではダメなはずでしょう。愛知万博「愛・地球博」の揉めた原因も同じでしょ？　そりゃそうだよなという感じです。

じつは、僕は磯崎アトリエの流れで初期につくば博には少しだけ関わった。つくば博では計画連合、要するに旧メタボリ連合がマスタープランを描くことになっていましたが、そんなに強力な縛りをもつものではなかった。下河辺淳さんが頭にいたからなんとなくできた感じです。僕はその準備ミーティングに磯崎さんに連れていかれたわけです。ただ、磯崎さんは、アーキグラムのモンテカルロのプロジェクトの話をもちだし、地下に建築をすべて埋めて見えないようにするのなら協力してもいい、と無茶な話をするわけです。万博なんて広告会社が各パビリオンをやってその広告費であがりをとって成り立つわけだから、全部地下に埋めたら宣伝にもならない。したがってそんなことをいっても受け入れられるわけないんですが……、あれは磯崎さんが降りるときの常套手段ですね。その次は僕だけで会議に行けということになったわけです。無茶ぶりです。当然のことですが、川添さんにはお前何しに来たのって感じで睨まれました。それでご縁はおしまい。

花博をやっていたときにも、大阪万博とは異なりマスタープランナーがいなくなった。花博では、実際は計画連合外しがあった。「花と緑」ということですから、博覧会協会が造園コンサルタント協会（造コン）を入れるか、という話になり、その上に小松左京さん、泉眞也さん、そして磯崎さんがプロデューサーとしているという体制になった。さっきの三プロデューサーにプラスして造コンを入れることになりました。造コンは造園屋さんの集まりであって、ランドスケープアーキテクト（造園家）ではないんですよね。ヨーロッパでは、アンドレ・ルノートル（ヴェルサイユのデザイナー）の昔から造園家が都市だってデザインできる。日本の造コングループは、全く全体を見ることができない。

大阪万博のときに、なぜ丹下グループが勝ったかというと、前例もなく、データもない群衆の処理をどうするかということ、ゲートの幅や群衆が移動する中で曲がるときの園路の線形設計やトイレをどこに、何個、どういう間隔で設けるのかということのシミュレーションができたから、京都大学の西山夘三グループに勝ったわけです。その丹下グループの下でＧＫの西沢健さんがノウハウを身につけていき、つくば博につながった。それが花博で外されたんですけど、造コングループでは全体計画のシミュレーションができないということで、結局主導権が計画連合とＧＫに戻ったわけです。というわけで、僕は花博はフォリーだけの関わり。今思えばじつにもったいないことに、この頃は小松さんに何も興味がなかったわけです。会議でも最初から酔っぱらっていたし。泉さんも失礼ながら電通の別働隊にしか見えなかった。

こうした人々がメタボリストを下支えしたことがわかったのは、後年『メタボリズム・ネクサス』（オーム社、二〇一一）を書いた頃に未来学などを勉強し直してからです。これが第二ラウンド、ほとんど幕間だけど。

「フォリー」というのは、パリのラ・ヴィレット公園のコンペのバーナード・チュミの勝利案で広く知られた言葉ですね。あと、時を同じくしてニューヨークのレオ・カステリというギャラリーが世界から多くの建築家を呼んで「フォリー」の展覧会を行いました。磯崎さんも、茶室のようだけど少しシュールなドローイングを描いて出しました。たしか、チュミも出していた。

そんな折に、花博で全体計画の代わりに磯崎さんも何か出さなくてはいけないということで、「フォリー」という点で全体を計画していく案を出しました。また点刺激ね。ヨーロッパを中心に人を集めたいということで、磯崎さんとAAスクールのディレクターだったアルヴィン・ボヤルスキーの共同で人選をしていった。僕はそのときにも磯崎さんに呼ばれ、コーディネーションをやれ、ということになりました。最初の指名のときは一〇のフォリーが並んでいましたが、磯崎さんが福岡のネクサスワールドをやった福岡地所に頼み込んで、最終的には三つ増えました。僕も一〇名のフォローまではできましたが、くまもとアートポリスと時代的に被っていたので、スケジュール的に責任を負えないといって、その三名のお守りは断りました。そのときに増えたのが、僕自身とザハ・ハディドとダニエル・リベスキンドのフォリーだったと思います[fig.10]。ダニエルに関しては、結局は僕も面倒は見ましたけどね。ま、これは結構面白かったよ。コープなんかとは大もめにもめて結構大変だったけれど。これが第二ラウンド。

fig.10　大阪花博フォリー

――ちなみに、当時の日本には、「フォリー」という言葉はありませんでしたよね？　東屋と翻訳されるくらいですから。スタッフとのやりとりはいいのですが、日本の施工業者にその意味やビルディングタイプの機能について、どのように伝えたのでしょうか？　たとえば、集合住宅のように、今までの「住宅を集めたもの」や「住宅を積み重ねたもの」「設備を集約し機能を合理化したもの」として語れるものはいいのですが、「フォリー」のようなものは語ることが難しいですよね？

八束　「フォリー」は、機能がないからビルディングタイプとは呼べないでしょう。ランドスケープのエレメントでしかない。ただ、何かの機能や要素が絡んでくると面白いということは話していました。それは、それぞれのデザイナー次第です。そのため、場をつくった人もいるし、中に入れるものをつくった人もいるし、彫刻のようなオブジェとしてやった人もいるし、いろいろでしたね。それは面白かったと思うよ。

グローバル時代と設計事務所

——この頃の先生の事務所には海外から就労を希望してきたスタッフがいらっしゃったと思うのですが、そのような方々とのやりとりをお聞かせください。

八束　海外スタッフがきたのはバブルの賜物で、いきなり、きたい!!という手紙がくるんですね。どういう経緯かは知らないけど二人いました。一人はインド人なんだけど、アフリカで生まれイギリスで教育を受け、その後アメリカに住んでいたという男性です。もう一人は、カリフォルニア出身の女性ですね。UCバークレーを出た人。二人とも実務経験はないので、結局プレゼンテーション要員になってしまったんですよ。磯崎アトリエにいたときの同僚も同じでしたね。実施のプロジェクトをやりたいんだと思うけど、経験のなさもありますが、言葉の問題もあるので任せられない。コンペならいいけどね。日本に一年しかいないので、仕込むこともできないのでしょうがないなという感じ。たとえば、槇事務所のように何年も日本にいる外国人はそうめったにいないんですよね。

　インド人は絵がうまかったので、絵をよく描いてもらいました。でも、ここのパースを描いてとなると全然描けない。作図法を学んでいないんだよね。だから、彼らとは国内のプロジェクトは全然できませんでしたね……。磯崎アトリエにきていたAA出身のイギリス人なんかも同じ。アメリカ人のほうは、その後ザハ事務所にいったりして今では立派な実施をやっています。

——さっきのザハの話もそうでしたけど、グローバル化していった世界の中で建築をつくるにしても、ある程度地域に根ざした人がいて制度や技術、環境への配慮などの点でカバーをしていかないと設計はできないですよね？

八束　仮に海外で実務経験をしてきても、国によって実務へのアプローチの方法は違うからね。ロサンゼルスの現代美術館のときにいた磯崎アトリエの外国人二人は、すでに海外での設計経験があって日本での実務にも関わったけど、ロサンゼルスでのプロジェクトだったから非常に頼りになった。でも花博では、設計経験がない人が大部分なんで困った。もちろん、ピーター・ウィルソンのような人は、経験がなくてもすごく柔軟な人で、実務上の事柄を決める際に、問題の所在を教えたうえでヒエラルキーをつけて選んで、というと選べる。ただ、同じようなことをザハにいったら、その後はともかく、当時は爆発してしまったでしょうね。

——一九八〇年代のバブルの頃と同じように、今後、東京も含めグローバルシティを機能させていくうえでは「移民の存在は不可欠か?」ということを八束研究室での研究の中で議論してきたわけです……。二〇一一年頃のことなのでもう一〇年経ちましたが、いまだ日本では彼らを受け入れていく土壌の整備はなされていませんね。

八束　そんな大問題には答えられませんが、個人の問題もあるかもしれませんね。中国で働いている八束研究室ＯＢに聞くと、中国で働いているヨーロッパの人間は使えないし、さらに輪をかけて中国人は使えない、といっている。つまり、ヨーロッパから中国に働きにくる人間の多くは、悪いいい方をすると地元であぶれてきているわけですからね。経験もスキルもない。日本人でも中国で生きていく覚悟があれば、必要とされる人材としてやっていける。

ただし、今の日本の社会構造がグローバル化していると叫んでも、言葉でいうほど美しいものではありませんね。現実に、日本人は英語しゃべれないし、グローバル人材を育てることを要請されている教員だって英語を使いこなせない人が少なからずいる。つまり、留学生がいくらきても、彼らのニーズに応えられるような授業が用意されていないわけです。それは、始まったばかりだからしょうがないというのもあるけど、何年後かにグローバル人材を輩出できるような教育システムが設けられているかというとそれもないわけですね。グローバル化は不可逆的な趨勢だと思うけど、定着にはまだまだでしょう。

07 批評・歴史・教育

『10+1』

——一九九〇年代中盤以降の活動として重要なことの一つは、『10+1』というメディアの編集委員を行っていたということだと思いますが、まず『10+1』立上げの経緯についてお聞かせください。

八束　創刊号が九四年でしたね。INAXの出版部の星野典子さんがメディアデザイン研究所（当時の名称、都市デザイン研究所）の荻原富雄さんと一緒に見えて、新しい雑誌の企画があるので編集委員にと打診されたのです。僕一人で編集委員をやるのはきついと思って、多木浩二さんとご一緒ならという条件をつけて始まった。『10+1』というのは僕の命名。ネタばらしをすると、“October”という芸術批評誌がアメリカにあって、「十月革命」からきているわけだけど、それより一つ多いという意味だった。

この当時、メディアデザイン研究所は、もう一人の設立者である中原蒼二さんとかが、セゾングループを中核にした企業グループで「東京クリエイティブ」というイベントをやっていました。ここに浅田彰、伊藤俊治、そして彦坂裕なんかの諸氏を中心に、ニューアカデミズム系の知識人が集められてシンポジウムや展覧会をやっていた。僕はここにやや遅れて巻き込まれたんですが、ちょうど同じ頃にこのイベントに上野俊哉さんも参加していた。エレクトロニック・バウハウス（電子時代のバウハウス）という企画が立ち上がって、この勉強会に僕らは参加することになった。入江経一さんも参加していました。

これがきっかけで、上野さんにも『10+1』の企画に入ってもらうことになったのです。ちょうど、多木さんと僕と上野さんで一五歳ずつ歳が離れているので、世代間の意見の異なりも見えてくるだろうし、ジャンルも僕が建築、多木さんが思想と建築、上野さんが思想というふうにバランスもよかったのでスタートした企画でした。『新建築』ではできないこととして、多くの建築や都市の周辺に位置する人にお声がけして理論や思想を書いてもらったということですね。アメリカでも、“Assemblage”は二〇〇〇年に廃刊したし、“October”はどちらかというと美術だから、建築理論・批評誌というとシンシア・デイヴィッドソンの“Log”くらいしか残っていないのではないでしょうか？　ヨーロッパでも思想的な側面をもって建築や都市を語る雑誌は衰退していますよね。

創刊号からNo.4までは、年二回発刊。最初は多摩ニュータウンをやろうといいました。あれは捏造されたアイデンティティの都市というか変なまちなのに、誰も変だと思っていないのが当時不思議だったんです。で、建築家だけでなく哲学者とか社会学者で見に行って話すところから始めた。ロバート・ヴェンチューリの“Learning from Las Vegas”に続くような都市を読み解くテーマになるのではないのかと感じていました。そして、そのときに原稿を書いてもらったうちの一人が、僕の研究室のあとを継ぐことになった西沢大良さん。それがまとまったのが、『10+1 No.1 特集＝ノン・カテゴリーシティ──都市的なるもの、あるいはペリフェリーの変容』。その企画を皮切りに、『10+1 No.2 特集＝制度／プログラム／ビルディング・タイプ』『10+1 No.3 特集＝ノーテーション／カルトグラフィ』『10+1 No.4 特集＝ダブルバインド・シティ──コミュニティを超えて』と続くんですね。企画は基本的に僕だったんだけど、毎回どのような人に書いてもらうか三人でよく話しました。ヘビーだったけれど、結構楽しかった。

──八束先生は、建築の設計が一段落した二〇〇〇年頃から、『10+1』の誌面だけに限らず執筆が主な活動になりましたね。また、大学での教育にシフトしていったわけですが、そうした活動の中で考えたことや、どのように時代状況を読み解いたのかお聞かせください。

八束　執筆活動に関しては、単行本が増えたというだけのことではないかな。執筆活動は、それまでも設計と並行してやってきました。僕は飽きっぽいので、一つのことをずっとやっていると嫌になってしまうんですね。だから、事務所でも設計をやって文章を書いて、また設計をやって文章を書いてということを繰り返していた。だから、文章量としては事務所時代も変わらず書いていました。ただ、二〇〇〇年代に入って、私的な問題で熊本のホール（《美里町交流センター「ひびき」》）の設計だけで手いっぱいになってしまいました。設計はルーティーンな側面もあるので、それ自体は苦ではなかったんですけど、事務所の維持はいろいろと大変だから、《「ひびき」》を最後にして大学にいくことを決めました。だけど、本は前に書き溜めたものが出版されていったからね。たまたまじゃないかな。

建築史の終焉？

——そうでしたか。ちなみに、そんな二〇〇〇年代を過ぎたあたりから、ナショナリズムについての言説が増えてきたのはどうしてですか？　その一方で、二〇〇〇年代に入る少し前あたりで、「日本の建築の歴史は終わって、建築的緊張感を失った」というようなことを発言されていますが、どうしてそのように思われたのでしょうか？　歴史を書いているにもかかわらず、歴史の終わりを告げるバランス感覚についてお聞かせください。

八束　日本の建築におけるナショナリズムについて語ったのは岩波書店から出た『思想としての日本近代建築』（二〇〇五）があったから。この本の企画が立ち上がった背景は少し込み入っていて、二〇〇〇年代近傍で僕より二〇歳くらい若い歴史的批評のできる優秀な書き手が出てきたことがあって、その人たちを集めてアンソロジーをつくろうとしたのが最初です。

僕個人は柄谷行人さんの『日本近代文学の起源』（講談社、一九八〇）や、美術の北澤憲昭さんや佐藤道信さんのような仕事をやろうというモチベーションをもっていました。だから、自分は明治期の仕事をまとめようと思って始めたんです。そこで、ほかの時代も含めて、五十嵐太郎さんや青井哲人さん、倉方俊輔さん、黒石いずみさんといった若手の執筆者五、六人を集めて作業を進め始めていました。

ところが、内紛が起こって空中分解してしまいました。分解させたのは今いった名前以外の人だけれど。その落とし前もあり、『10+1』で「言説としての日本近代建築」という特集を組み、五十嵐さんとはそこで対談をして、ほかの人にも原稿を書いてもらった。ただ、その頃には僕の仕事も当初の柄谷さんや北澤さんの仕事の範囲から逸脱して、明治期だけで原稿用紙五〇〇枚以上書いていたので、その勢いで大正時代を足し、昭和初期を足して、『思想としての日本近代建築』を書き上げました。ですので、文章を書き始めた頃の思いとは全く別のものになっていた。

——この日本の近代化について書いていく流れを汲んでか、日本の建築が関わったであろう「政治的なるもの」についての執筆が増えていきましたね。

八束　この本以前は、僕はむしろ海外ものが多くて、日本の建築については最初のメタボリズムについての論考や伊東豊雄さんや坂本一成さん、長谷川逸子さんたちを中心にした個別作家論を書いていた。『批評としての建築』にまとめられるような仕事で、こっちは特に政治的関心を押し出したりはしていなかった。そんな折に、『思想としての日本近代建築』を書いたわけだけど、日本が近代国家を立ち上げていく中で、「建築」においても「知の構造」が再整備されていった事情が見えてきた。明治期だけでなく、昭和期においても、戦争に向かっていく中での国家意識の揺り戻しを通して、それが行われたわけです。「建築」という媒体がナショナリズムの構造の中に編入されていった。だから、理論を書く際の対象が「政治的なるもの」と密接に結びついていたために、そういう印象を与えるんでしょうね。実際は、そんなに自分の「建築」に対する意識は変わっていないと思う。

本になったのはずっとあとですが、この本の出た直後に『10+1』に書いていたル・コルビュジエ論（『ル・コルビュジエ―生政治としてのユルバニスム』青土社、二〇一三）も同じような構想で書いています。計画のロジックが一九世紀以来のフランスの社会の中で立ち上がっていく様を、地域の問題とか植民の問題とかと絡めて書いている。地域という主題は『思想としての日本近代建築』の第二部に、植民地という主題は第三部に取り上げられているテーマです。ル・コルビュジエ論のほうは、「思想としてのフランス近代ユルバニスム」と題してもよかったくらい。今やりかけている『汎計画学』でもその続きをやろうかと考えている。

――では、二〇〇〇年代に入る少し前あたりで、「日本の建築の歴史は終わって、建築的緊張感を失った」と述べた理由について、磯崎さんが「大文字の建築」の収束感を抱いた時代とも時代が重なりますので、互いの言説の違いも含めお話をお聞かせください。

八束　二〇〇〇年代を前後して、建築家が歴史の中に自分の建築作品を位置づけていくスタイルの終焉があったことは否定しがたいでしょうね。伊東忠太に始まり、丹下さんやメタボリストもこうした活動をしてきましたが、もっとも巧みにワイドレンジに建築史の中に自分の作品を位置づけていったのは磯崎さんですね。ただ、磯崎さんは最終的には芸術家としての建築家に語り口が向かってしまう。作家論なわけね、どうしても。「大文字の建築」はそのための理論的な仕掛けですね。丹下さんが象徴的な国家の建築を背負ってしまったので、そうはなろうとしなかったこともあるでしょう。磯崎さんのように、歴史の中に自分を位置づけていくことができる人はそれ以降出ませんでした。でも「大文字の建築」はちょっと前時代的だったし、僕には違和感があった。国家だって「大文字」的でしょう？　だから磯崎さんには新古典主義の言語がフィットしたんだと思う。

僕は、「建築」の話を狭くしたくなかったので、「大文字」なものだけではないナショナリズムのあり方を通して、国家と建築の関係性や政治と建築の関係性について語ってみようと思ったんですね。だから、けっしてクロノロジカルに書いたわけではないですが、『思想としての日本近代建築』も第二章では大正期を中心に「生活」のことについてまとめました。住宅であるとか、風景であるとか、地域であるとかそういう話。その背後にも明治的・昭和的国家の影は潜んでいるので、その辺りを描こうと思ってやっていました。歴史との関係意識というのはそういうことにもあるはずなのだけど、今の人たちにはそんな意識はないでしょう？　宮台真司的にいえば「終わりなき日常」しかない。「前（過去）」もなければ「後（未来）」もない。そこに緊張感が生じるわけはないよね。

――では、「日本の建築の歴史は終わって、建築的緊張感を失った」以降の歴史とはどのようなものとしてあり得るのでしょうか？

八束　'End of the History' はフランシス・フクヤマがいった言葉だから僕が解説することでもありませんが、冷戦が終わり「東西の緊張」を起点として歴史が進んでいくという構造は終わったのでポスト・ヒストリーの時代に突入する、というのがフクヤマの考え方ですね。極めて保守的な言説だけれども、それでは面白くない。ポスト・ヒストリーという考え方はどうなの？　と思っていたわけです。簡単に終わらせられては困ると。

――西洋的な思想に端を発する「進化論的な歴史の考え方の終焉」ということでよろしいのでしょうか？

それと、歴史に対する先生のお考え方はお話を通して理解することができましたが、とはいえ、グローバリズムという時代の流れの中では歴史というものを構築することは可能なのか？　という疑問は残りますね。

八束　大きい話と小さい話を話さなくてはいけないので、難しい問題ですね。

東西冷戦が終結して以降、建築世界の潮流の中では南北対立が勃発するわけです。それ自体はフクヤマ的な構図。いわゆる近代建築の思想の外側の国々、たとえば、ドバイのように莫大なオイルマネーをもとに一気にグローバル社会の中で近代国家の枠組みに編入されていった国の建築もあるけれど、自ずと西洋的建築の歴史の枠組みから外れてしまう「建築」群があったわけです。その一方で、日本は近代化の流れの中で、植民地化もされずに西洋的な歴史のパースペクティヴにかろうじてくっついていって、その中で欧米列強と渡り合うまでの国家観とそれに準ずる「建築」をつくっていった。結果的に周辺諸国への侵略とも結びついてしまったけれどね。だけど、今の話を昨今のグローバル経済の中にある国家観に範囲を拡張して「建築」の話をしていけば俯瞰しづらいということもありますので、難しい話になりますね。

二〇一八年の九月に、ペンシルベニア大学に呼ばれフィラデルフィアに行った折に、ニューヨークのケネス・フランプトンのアパートに立ち寄りました。彼は中村敏男さんの翻訳で出版した『現代建築史』（原書、一九八〇／青土社、二〇〇三）の拡大版を書いているらしい。僕も関わってスペインで出版された世界建築のパースペクティヴを描いた本“Atlas Global Architecture circa 2000”（Luis Fernández Galiano ed. Fundación, BBVA, 2008）があって、それは地域ごとにいろいろな著者に書かせたのですが、彼は総論みたいなのを書いた。それもあってアジアの日本以外の地域や東南アジア諸国など、周辺地域に自分の論考を拡大しようと目論んでいるみたい。つまり、彼のような建築史を綴るオーソドキシーに位置づけられる人が、従来の近代建築史の枠組みを解体して再編成しようとしている。それほど近代社会という枠組みが拡大しており追いつかないということなんですね。これが大きい話です。

小さい話でいうと、ついこの間行われた建築学会の学生主体の学会週間（二〇一八年度「建築文化週間」一〇月二七〜二八日）で、「建築学生サミット二〇一八秋—平成の建築を考える」というイベントにコメンテーターとして参加してきました。初日は学生主体のイベントでしたが、二日目に東北大学五十嵐研究室出身の建築史家市川紘司さんと、建築の情報化やデジタル・テクノロジーを核に活動している建築家の豊田啓介さんとお話してきました。学生たちとの話は学部の一、二年生もいたので、ちょっと難しい方向に展開するには無理があったけれども、ゲストのお二人との話は面白かった。市川さんは「平成の建築」を総括して「アンチ・ステートメント」「アンチ・ヴィジョン」「アンチ・コンセプト」としてまとめていました。それを聞いて面白いと思ったわけです。「アンチ・ヒストリー」と同じことだと。

市川さんは、「自然」という言葉を表にもちだす建築家が増えたけれども、彼の同時代の若い建築家たちは、グローバルな言説とか未来に向けたヴィジョンとかを打ち出すことに違和感を抱いているというのね。たしかに、彼らは仕事を始めても建築を一棟丸々できることはあまりない。床だけのリノベーションとか、屋根だけ取り替えるというようなことが多い。だからヴィジョンだの、ステートメントだのとはいえない、というのはわからないでもない。僕はそのような状況を理解できるんだけど、それだと僕には面白くない。市川さんはアンビバレントだったけれど。

——おっしゃっていることはよくわかります。ただ、同じようなことは、一九六八年を境としたヨーロッパ各地でも起こっていて、若手建築家が建築の設計だけでは食べていくことができない状況が見受けられましたね。その反動というか状況を逆手に捉えてか、アーキグラムやアーキズーム、スーパースタジオのようなペーパーアーキテクト、コープ・ヒンメルブラウたちのようなイベントを積極的に運動化するような建築家が生まれていったように思います。さらにいえば、日本の一九六八年近辺も同じような状況だったように思います。真壁智治さんらの遺留品研究所や元倉眞琴さんらのコンペイトウ、近澤可也さんらのパンデコンなどの活動もその一つでしょう。ただ、こうした一九六八年という時代に代表されるような積極的に建築を拡張していこうとする活動とは異なり、二〇一〇年前後の若手の建築家の活動は状況に対して受動的な判断のうえでの活動のように見受けられますね。先生がいわれているように、「アンチ・ヴィジョン」が「アンチ・ヒストリー」とイコールになってしまいましたね。

八束　一種の順応主義なんでしょうね。その辺はキャンパス中がステートメントだらけだった一九七〇年前後とは根本的に違う。

「建築」の拡張のために

——話は変わりますが、ここからは芝浦工業大学の教員になってからの話について予備的にお聞かせください。まずは、その教育の前提となるようなそもその話として、大学で行う「建築」教育とはなんなのか？　ということについてお聞かせいただけますか。たとえば、かつては丹下研究室のように大学教育の中で考えさせているプロジェクトが現実の社会の中で実現していくということがあったと思うのですが、こうした稀有な状況をどう思われますか？

八束　研究室を社会と直結させるかどうかは教員にとって基本的な選択肢だと思うけど、僕は研究室は実験室であって職業訓練学校ではないと思っていた。どうせ社会に出たら退屈なこともしなければならないんだから学校にいるときくらいは面白いことをさせたい、エンタテインしたい、というようなことをいったりしたけれど、実験室といってもいろいろでね。一概にそうすべきだというつもりはない。もちろん分野によっても違うだろうし……。

アメリカの大学のスタジオでも、実社会の中で実現していくものを設計課題の中で考えさせていくようなことは必ずしもしていません。以前、丹下シンポジウムでハーバード大学に呼ばれていった際に、建築学部のディーンであるモーセン・ムスタファヴィが、シンポジウム終了後のパーティで、ハーバードでは how to build を教えない、といったんですね。これは僕もさすがにたまげた。そんなことを日本でいったら即クビですが、彼は実務は我々が教育することじゃないといいたかったらしい。でも、佐々木睦朗さんがハーバード大学に呼ばれていった際の話を聞いたんだけど、横浜の大桟橋をデザインしたアレハンドロ・ザエラ・ポロのパートナーのファシッド・ムサビのスタジオに行ったら、構造が地面に達していない、荷重を地面に伝えていないのを平気でデザインしている、と彼は怒っているわけ。

佐々木さんも曲面構造はするけれど、当然地面に接している、それができていない。モーセンのいいたいのは、現実性より前に教育すべきことはあるということだと思うし、それはその通りだと思うけれど、彼自身もhow to buildを知らない恐れはありますからね。そもそもアメリカの大学は「School of Design」だったりするわけですから、「アートとしての建築教育」なんですよ。構造とか設備の授業はあるけど、専門の先生はいないですから。先ほど話にあがった豊田啓介さんも留学したコロンビア大学は、一〇〇人いて一人スターが出ればいいという路線だったといっていました。

もちろん、これはいつでもそうだったわけではなくて、うちの奥さん（松下希和）から聞いたら、ハーバードでもひと昔前はそうじゃなかったらしいけど。今やコンピュータ上でどんなかたちでもできて、3Dプリンターですぐに模型ができる。あれはほとんど重さはないから。よく見てみると宙に浮いている建築ができてしまうわけです。文字通り現実離れね。うちのOBが進学したロンドンのバートレットでもそういう感じがあったみたい。

アメリカにしろイギリスにしろ、こうしたことを学んだ学生がどうなるかというと、このOBの話だと、半分くらいが日建設計のような事務所にいって、そこでふつうの地に足のついた仕事を覚えていく。その残り半分くらいがSF映画のOGのレンダラーになる。そしてごく少数の人材がザハ事務所のようなところにいって、リアルプロジェクトをやるという構図だそうです。

――そう考えると、日本の建築教育を通してアトリエ建築家がボンボン誕生しメディアを賑わせた時代がありましたが、それはおかしな話だという結論でよろしいでしょうか？

八束　別におかしくはないけれど、アトリエ派事務所なるものが存在するのは先進国だけだという話はしましたね。普遍的な状況ではないとはいえる。日本のアトリエ派の仕事を見ていればわかりますが、やがてどんどん仕事が小さくなって、山名善之さんがヴェネチア・ビエンナーレで行った展示「en［縁］」のように、小さくてもアーティスティックなものが評価されていくという方向になっていくんでしょうね。それとコンピュータライゼーションの話がややこしく絡んでくるのは変な感じがしますけどね。

こういう状況に対して、豊田さんは、電子テクノロジーの介在でプロダクトデザインなどの世界は大幅に既存のデザインのあり方やそのイメージを変えてきているのに、建築だけはそういうことに対して取り組んでいない、設計だけでなく、ファブリケーションのほうも変えていかないといけないといっていました。彼らみたいに平成以降を生きなければならない建築家たちが、日本における建築という職能の範囲を変えつつあるのかもしれない。けれど、豊田さんみたいに逞しい批評意識をもっている人ばかりではないので、ただ現場に密着だけしていると市川さんがいう「アンチ・ヴィジョン」みたいなところに埋没してしまうわけです。そうならないことを願うだけですね。この辺は今後の問題だろうけど、僕には見届ける以上のことはできない。

　教育の話に戻ると、藤井博巳先生はコロンビア大学同様、研究室から一人のスターが出ればいいといっていたみたいだけれども、僕は最初からその方向は目指さなかった。むしろ、ディヴェロッパーに就職する人が出たことはよかったと思った。藤井先生ではないけれど、先生によっては建築を裏切った、みたいにいうこともあるみたいだけど。

　今ある建築の実践のかたちがあって、それに即して組まれている保守的な大学のカリキュラムをそのままこなしていくのではなく、僕はそれを超えていくような思考力を身につけさせたかった。もちろん、ベースとなる建築教育は身につけさせたうえでの話ですけどね。だから、僕と同じように設計や歴史、批評をやるだけではなく、もう少し広い場で活躍する人間が育ってほしいと思っていました。いわれている常識を批判する眼を身につけてほしいと。

――その中で、「教えられること」と「教えられないこと」についてはいかがでしょうか。どのようにお考えかお聞かせください。

八束　「教えられること」は、既存の価値観を批判する意識を芽生えさせることでしょうね。具体的にはあとにまた話すことになるだろうけど、『Hyper den-City』（INAX出版、二〇一一）なんてその典型でしょう。ある意味での挑発行為だけれど。何しろベイエリアにある芝浦ですら、豊洲に建つ超高層ビルを嫌って卒業設計とかは、ちょっと都心部から離れた郊外の平屋をやりたいとかいう学生が多かったからね。何もベイエリアで学ぶことを意識せずにいる学生に対しては、それは違うだろうと思っていました。もちろん、僕が挑発したことに対してどのように受け取るかは別の話ですけどね。

――グローバルな「建築」教育の中では、挑発をすることは前提なんでしょうか？　また、先生は挑発をしない日本の建築教育はよくないと思っているのでしょうか？　もちろん、我々の世代が考えていくことなのですが、先生が考える今後の日本の建築教育のシステムを考えていくうえでの指針のようなものをお示しください。

八束　挑発というのは、現実無視ということではない。先ほどのモーセンの話みたいなのを一様によいとは思っていません。コンピュータライゼーションだけが描き出すことができて現実の空間に自立しないような構造を考えることは、「建築」の世界をデッドエンドにしか向かわせないと思うし。もっと、デザイナーだけではなく、プロデューサーやディヴェロッパーになっても考えていかなくてはいけない概念的なレベルの教育をしていきたいと思っていたわけです。

ただ、日本国内の建築教育において海外で戦う人材を育てるのは難しいかもしれない。アラップ・ジャパンのように、分野を限らず個人の名前で責任をもって仕事をしていけるところであれば、プラクティスに穴を開けていくことはできるかもしれないけれど。実際、僕が教育してきた環境から巣立って就職していく学生たちは国内の企業にいく人が多いわけですから、大学院の二年は社会に対して概念的なレベルでの挑発はできるけど、そこを出たら現実なのであくまでもエンターテインメントといっていたわけね。だから、面白ければいいじゃないとしかいわなかった。八束研究室の常識は日本の非常識というかね。でもその非常識で固まると社会には出ていけないでしょうから、エンターテインメント程度のものといったに過ぎない。本当は真面目にいっていたつもりだけど……。

建築アーカイヴス

——先生は設計教育と同時に「歴史」的な側面の教育もされていたこともあり、少しだけではありますが文化庁国立近現代建築資料館の立上げのアドバイスを山名善之さんにしていましたね。ですので、「建築」というものに対して「アーカイヴス」をつくることの意義についてお話をお聞かせいただければと思っています。また、歴史教育をするうえでの「アーカイヴス」の必要性についてお話をお聞かせください。

八束　建築資料館に対しては本当に少しだけ関わっただけで、山名さんにどうとかいったわけじゃないから、建築資料館自体については話せません。

ただ、アメリカで建築教育を受けてきた妻なんかは、「歴史」のない「建築」は考えられないという考えで、そこは僕も同じなんだけれど、日本で設立された建築資料館は、現時点では収蔵庫のようなものですね、煎じ詰めれば。戦略がないとグローバル教育には役に立たない。資料は必要条件だけど、十分条件ではない。

たとえば、「メタボリズムの未来都市展」に並行してレム・コールハースたちは、“Project Japan, Metabolism Talks...” (Taschen, 2011) のために聞取りを一生懸命していた。建築家やデザイナーと政府の関係を知りたかったからだと思うんです。ヨーロッパでは、日本と同じように戦災復興をしようとしていたけれどなかなかできなかった。その一方で、目覚ましい戦災復興を遂げた日本の状況を知りたかったようですね。ちなみに、あまり知られていないことですが、レムのお父さんは建築家ではなかったけれど、戦後にインドネシアからオランダに帰ってきて、新しい国をつくるために戦災復興の運動をした人らしいんですよね。挫折をしたそうなんですけど……。そういう背景もあり、日本ではまがりなりにも政府や自治体と建築家が組んで戦災復興を成し遂げたことが羨ましいというわけね。他人の芝生が青く見えているだけなのかもしれませんが、レムとしては珍しい、直球でシリアスない方なわけです。

だけど、日本の人たちはそうは思っていない、建築家も建築史家も。要するに建築家は個人として振る舞ったのであって、政府との関係はない。そのような公のバックアップはなかったという態度なんですね。むしろ、政府に対して反抗をしたんだという総括すらある。磯崎さんもそのような理解で、その流れの中に自分を位置づけるんですね。だけど、あの時代の『新建築』を見ればわかるけれど、人工地盤の特集をすれば建設省の課長さんが執筆したりしているわけですよ。ほかにも、城山三郎の『官僚たちの夏』（新潮社、一九七五）なんかにあるように、通産省の役人が日本の産業復興を牽引していったのは間違いなくある。そうした優秀な官僚がいて、そのブレインとして丹下さんたちが協力をしていった。

そうした関係性も、全総（全国総合開発計画）の「開発」という文字の響きに反発があっただけで、主体が曖昧な「国土形成計画」とかいう名前に変わってしまったことからもわかるように、国が自信を喪失して変化を迎える。市川さんのいう「アンチ・ステートメント」「アンチ・ヴィジョン」ではないけれど、国もコンフォーミズムになってしまった。何かというと説明責任を問われてしまう時代になってしまったこともありますね。学会の「平成の建築」のイベントで、建築家の松田達さんも、何かあるとSNSで拡散され攻撃されてしまうから建築教育の現場でも過激なことはいえません、と発言していました。何かとバッシングに走るわけですね。一億総自信喪失の時代に入ったというのかね。とてもつまらない社会です。

――日本における建築資料館のような資料をアーカイヴしていく資料館は、社会構造上というか文化的に「歴史」的意義やその背景にある思想を語ることを捨象して、保管するための箱だけつくって終わりになってしまってきたんでしょうかね。

八束　思想とアーカイヴスがどう連動するかは難しい話です。その背景には日本の建築史学が抱える大きな問題がある。つまり批評がないというよりも批評を要請していない。何かが上につく実証主義なんですね。鈴木博之さんや藤森照信さんのような人ですら、あいつは批評をやろうとするからダメだ、ということになるのだそうで……。

そういう目線でしか「歴史」を見ない人が企画・展示をしても、展示会場はモルグ（死体置き場）になってしまう。かつてのドキュメントをどうやって今の思考に再生しうるかが重要なので、一度捨ててしまえば取り返しがつきませんからね。そのためにも、今の感覚に即して再生しうる感覚の持ち主が「アーカイヴス」を運営していかないといけない。

——こうした出る杭は打つ方式の年功序列型歴史教育システムだけでなく、先ほどお話にあがったようなtwitterなどのSNSでの足の引張り合いや身内の褒め称え合いが横行している社会構造の中で、建築というジャンルの批評そのものは可能なのでしょうか？

八束　知らない。可能だと信じなきゃしょうがないんじゃないかな。だから、市川さんのような存在が出てきたことはいいことだと思っています。

——たしかにそうですね。ただ、こうしたグローバル経済が進行する社会の中で、国家をベースにしてつくり出された言葉を共有すべき人口のパイが増えてきていると思います。そんな風土に根ざした文化とは切り離された状況の中におかれた言葉に頼り切った状況で批評は可能なのでしょうか？　国家に閉じている世界では通じていた言葉が、グローバルな社会では一気に雲散霧消してしまうような気がしています。そう考えると、市川さんが「アンチ・ヴィジョン」の時代といって今を否定し、ヴィジョンをもつべきだといったとしても、グローバルな社会の中でヴィジョンを共有する枠組みは可能なのか？　ということを事前に問わないといけないんだと思います。

八束　それは言葉を語る人が、自分が枠組みをつくりたいと思うかどうかなんでしょうね。プロジェクトにせよ、言説にせよ……。僕は「ユートピア」という言葉は好きではないけど、建築家の職能の中には「ユートピア」を目指す機能が書き込まれているのではないか？　と書いたことがあります。二〇年か三〇年前かな？　ここでいうところの「ユートピア」は、近代的なヴィジョンを構築する、という話ともつながる。先ほどから話してきた「歴史」というものは、そのヴィジョンの構築のためにこそあるもので、歴史プロパーのために歴史をやるのはもはや考古学の世界だから、僕はやるつもりはない。

ちなみに、ナショナリズムという問題設定が失効したとは思っていません。なぜなら、もともと「歴史」は国史として始まっており、「ネーション＝ステイト」を補完するためにつくられたものだからね。日本の「建築」も美術と同様に、国宝とか重文として「ネーション＝ステイト」をつくる一要素として扱われたわけです。その「歴史」が今の日本の「建築」史です。とはいえ、そこに安住していてはならない。グローバリズムを語るには、それをブレイクスルーする必要があると思う。批評精神を涵養するためにも。そもそも外国のことを知らないで自国の歴史に閉じ籠っていたら、グローバリズムには対処しようがないでしょう。

たとえば、前に『建築文化』でアアルトの連載をしていたけれども、日本ではいまだにアアルトというとすぐに風土性が出てくる。煉瓦造だから風土性の作家だというんですが、フィンランドには煉瓦を仕上げに使う文化はもともとありません。彼がアメリカに渡って、アングロサクソン的なものに触れてもちかえってきただけなんです。そんなイメージだけで風土性を語ってはいけないと思う。その種の安易な言説は、「歴史」に限らずいろいろと「建築」の世界を徘徊している。

こうした誤読（ミスリーディング）を修正していくこと、定説を疑ってかかることが重要なんだと思います。ナショナリズムという枠組みだってそうなんですね。ブレイクスルーしていくためにも、まず、その枠組みを疑ってみることから始めないといけない。まず、何かを語るにしても、モダニストであるかどうか、リージョナリストであるかどうか、ナショナリストであるかどうかという枠組みは一回捨ててみないといけないんでしょうね。

——こうして話を聞いてくると、先生の語りに枠組みをつけるのは野暮のような気もしますが、〝八束はじめ〟の目指すべき批評の処在はどこにあるか聞かせてください。

八束　『批評としての建築』というアンソロジーに否定的になったことは話したけれど、建築はもっとポジティヴなことであってほしいと思います。ただその一方で、建築がコンフォーミズムになるというのは嫌なんですね。ですので、その揺らぎの中でそれぞれの人がそれぞれの立場で語ればいいと思う。設計を行うにしても、文章を書くにしても。だから、僕がこういう意識でものを書いているということを他人に押しつける気はさらさらありません。それこそ次の世代の人が考えることでしょう。

III

思考実験のほうへ：研究と教育

08 教育のベクトル

創設期

――このⅢ部では、芝浦工業大学で行ってきた一〇年の活動についてお話をしていただきたいと思います。まずは、大学に着任された最初の二年間を中心にインタビューをさせていただきます。まずは芝浦工業大学にくるきっかけからお話いただけますか。

八束 芝浦工業大学建築工学科には、藤井博巳先生の後任というかたちで二〇〇二年に入りました。もともと、磯崎新さんの事務所に在籍していた一九八〇年代に、藤井先生からうちで教鞭をとってみないか、とお話をいただいたことがありました。ただ、当時は磯崎アトリエで初めての海外プロジェクトのロサンゼルスの現代美術館がスタートしていた頃で、その設計をしたかったのです。それで、最初のお話はお断りしたのです。その代わりに、当時、海外で研究をされていた三宅理一さんが日本に戻ることを考えていたことを知っていたので推薦しました。

それから十数年後、曽根幸一先生が芝浦工業大学環境システム学科教授（二〇〇三～〇五年当時、システム工学部長）を退任されるということで自分の後任がほしいということになり、僕にも声をかけてくれたのです。曽根先生とは東京大学都市工学科の後輩にもあたり、環境システム学科はその都市工学科の線が色濃かったので、気に留めていていただいたんでしょうね。その同時期に、藤井先生のほうも退任が近づきあらためて後任話もあり、どちらにいくべきか悩みましたが、建築工学科のほうにいくことにしました。

――大学では、藤井先生の意向を汲んで建築理論や建築批評を芝浦工業大学の一つの特徴とした教育体制づくりをしようと思っていたのでしょうか？

八束　具体的にはなかったけれども、藤井先生のほうにはそのような期待があったかもしれません。というのは、藤井先生は昔から建築理論や建築批評に関わる勉強会やシンポジウムを大学で多くされていて、僕も磯崎アトリエ時代からそれらに何度か呼ばれていたから。そうして何度も場を共有していた藤井先生と僕の間で日本版『Oppositions』をつくる話があったことは前にもいったけれども、藤井先生としてはそれの続きみたいなことを僕の大学就任後の授業に期待したのかもしれません。ただ、明確に藤井先生からそういわれたことはない。

実際、研究室では、何らかの体制をつくらないといけない。本来だと四年、修士一年、修士二年と、研究室の人間は徐々に増えていくのですが、僕の研究室は異例で、最初から四年生と修士一年がいました。人数的には初年度から研究室の体裁があったわけです。

――ある意味、リベラルな教育方針とその体制の中で八束研究室はスタートしたといえるでしょうか。その後、何らかのきっかけがあって研究室の体制が整えられていくかと思うので、その理由をお教えください。研究室初期には、吉田五十八や堀口捨巳などの日本建築の空間に関するものが一つのテーマだと思いますが、当時、八束先生はどのようなことを考えて指導されていたのでしょうか。

八束　僕の個人的な仕事と研究室で学生が行っていることは、必ずしも一致させていない。それは一貫しています。まして、自分が対外的に行っている作業を研究室でいちいち披瀝するつもりもなかった。でも、こちらが意識していなくても少なからず学生に影響はあったみたい。たとえば、研究室初期であれば『思想としての日本近代建築』を出して間もなかったので、その影響はあったでしょう。特に、吉田五十八とか堀口捨巳とかについてはそこで論じていましたし。堀口に関しては、非常勤講師をしていた早稲田大学の芸術学校や法政大学の大学院でも同じような授業を行っていた。そこから派生していたかもしれない。

この時期には、学生を連れて建築を見に行ったりもしていました。中でも、成城学園にあり文化財にもなった吉田五十八の《猪俣邸》へ行ったときのことが記憶に残っています。《猪俣邸》には、庭に面して大きな広間があるんです。ひと通り見学会が終わり、その広間に男子学生が姿勢を崩して座り込んで休んでいた。そのことを、そこに参加していた女子学生の一人が男の子たちが座り込んだ瞬間に空間が悪くなった、とレポートに書いたんです。そのひと言で、吉田がつくり上げた日本的な空間の質を鋭くいい表していた。それは彼女が茶道の経験者だったということもあるのかもしれませんが、いいセンスだと感心しました。結局、彼女はその経験を自前で敷衍してゆき、卒業論文まで書き上げました。

　また、その一期前には、修士論文で堀口捨巳について書かれたものも出ています。堀口と同時に小堀遠州を取り上げて論じていた。結局未完成の部分が残されたんだけれど、のちに見てもらったハーバード大学の美術史の教授にもずいぶん褒めていただいたくらい。この二つは秀逸で、僕にも書けないような内容でした。指導教員がそう思うくらいだから、どこの大学の学生に比較したって負けないと思った。

　この頃の論文は、学生たちが各々の見解で発展させた論文が多かったんです。ほかにもアドルフ・ロースの論文とかエル・リシツキーの論文とかもありましたが、それも僕がサジェストしたわけではなかった。研究室創設期のメンバーの論文は、そんな相互には独立した研究が多かったのですね。この辺は藤井先生の期待がというようなものがあったとしたら、そこに接近していたかもしれない。後期では研究相互の関係が密接になっていったこともあって、細かいところまでチェックをするようになったけれど、この頃は僕が細かい指導をしたわけではないし、僕の本を読んでいたかもわからない。実際、ずっとあとの退官間際に、後任の西沢大良さんが学生たちに「君たち八束先生の本読んでいるの」と聞いたら、「あんまり読んでいなくて、ダメじゃない」とかいわれていたけれど（笑）、僕はそれでいいと思っていました。

——前任だった藤井先生の研究室の学生もいたわけですが、藤井先生の研究との擦り合わせはしなかったのですか？

八束　しなかった。任期が重なったのは一年でもあるし。とはいえ、先にも話したリシツキーの論文を書いた学生は、もともと藤井研究室の学部生で修士から移った人でしたが、すんなりと僕の興味にも合致したようでした。

建築の彼方へ

——こうした建築論および建築批評的な眼差しをもった研究が主流だった時代が、研究室創設から第二期生くらいまでだったかと思います。その途中から、ノイラート研究会や都市論が始まるわけですが、こうした研究は、先生が意図して学生を誘導していったのでしょうか？

八束　研究会というか、ゼミを二期生（二〇〇四年に研究室所属）あたりと始めていました。ノイラートのほかにも、レム・コールハースの“Guide to Shopping”（Taschen America Llc, 2002）の読書会などもしていました。

"Guide to Shopping"では、著者の一人でゼミにもきてもらったのが今の妻です、余談だけれど。

どちらも狭義の建築ではないわけですが、そういう方向にいった理由はこの頃から在来の建築の世界に閉じ籠った建築論に関心を失い始めていたことにあります。建築論を語るにしても、もっと広い話をしないといけないと思っていた。その当時の建築界は、「なんでもあり=なんでもない」という状況でした。つまり、何をいっても何も根拠がない状態。そうした状況に対してかなり初期の段階から、ゼミの話題としては一九七〇年代以降の現代建築の話はしてはいけない、というのをある種、規則のようにしていました。一九七〇年代以降は、判断の根拠らしいものが個人的な感性しか見つからないから、研究すべき対象だとは思わなかった。だから、学生はそれ以前の話をするか、広い文脈で話をするようになっていった。この点はほかの研究室と違っていたと思う。その後の世代が行った国土計画の話のような、建築をはるかに超えたものにまで発展していくとは思ってもいませんでしたが……。

こういうわけで、三期生(二〇〇五年研究室所属)あたりからサブゼミ体制も含めて、本格的に在来の建築論とは一線を画した体制が始動しました。それと、その頃は研究室でコンペとかもやっていました。釜山のエコセンターコンペ(二〇〇四年)とか光州の文化センターコンペ(二〇〇五年)ですね、どちらもたまたま韓国ですが。それはそれで楽しかったけれども、次第に建築にだけ目を向けた発言を僕がしなくなっていったので、学生諸君も建築だけの思考から離れていった。その状況を見ながら、徐々に後期の研究室体制に移っていくことになります。その結果、八束研究室を志望する学生は急激に減った(笑)。よくいえば少数精鋭化したともいえるかもしれないけど。

――研究室の体制をガラッと変えたときに在籍していた学生の論文は、都市の相反する側面に注視した論文になっているかと思います。

八束 都市研究は、『10+1web』で始まった都市の書籍に関する書評のコーナー「brur」がきっかけだったのではなかったかな。ノイラート勉強会の余波でしたね。僕が書評を書いたアンリ・ルフェーブルの『空間の生産』(青木書店、二〇〇〇)あたりがきっかけで、自主的なシチュアシオニスト研究とかが始まったように思います。『10+1』が全巻研究室に揃っていたことも一因かもしれません。初期に僕が編集顧問で関わっていた時代の四冊組の中で、上野俊哉さんがシチュアシオニストについて言及をしていましたから。ただ、僕はシチュアシオニスト的なボトムアップ型の都市研究には限界を感じていた。今でも、最近の社会学者および経済学者の研究やコミュニティデザイン論も、ボトムアップ型ばかりに傾倒しているのはいかがなものかと思っています。もっともこの傾向は、その後もたびたび再帰してくる。そんなこともあり、アーバンデザインの歴史的な研究へと流れていく。また、もう一つには、計量的な手法によって都市を観察する研究へとつながっていくわけです。

――初期の歴史的な研究は八束先生だけでなく、非常勤講師で芝浦工業大学にきていた豊川斎赫さんおよび中島直人さんが引っ張っていたように思います。ただ、こうした歴史的なものを『Hyperden-City』に掲載される計画へつなげるにはかなりのジャンプが必要でした。まだ建築史論的な研究が多かった時代ですね。

八束　たしかに、まだ既成の建築史論研究に近かったかもしれない。僕らの研究室は、ヴェネチア・ビエンナーレの候補として二度ほどコンペに呼ばれるわけですが、最初（二〇〇七年）のは『10+1 No.50』に掲載された内容です。豊川さんや中島さんの論考も載った号ですね。東京のリサーチをするという案でしたが、コンペの審査委員はリサーチだというので拍子抜けしたみたいね、ヨーロッパでは主流化しようとしていたのに。まぁ、僕も当時は設計はやらない、といっていたからね。都市のリサーチも、どのようにリプレゼンテーションしていくのか定まってはいなかった。ただ、二〇〇九年のコンペになったときに、ビエンナーレの開催される二〇一〇年はメタボリズムが誕生した、そして丹下先生の「東京計画1960」の五〇年後にあたるということを頭の片隅におきながら、都市のモデルデザインしようかというふうになっていったんですね。森美術館での「メタボリズムの未来都市展」の仕事も始まって、丹下健三やメタボリズムを見つめ直すことからデザインへの移行が始まったかもしれない。「東京計画2010」なんて大それたことですが（笑）、それが晩年の研究室の一つの柱になっていくわけです。

――先に話していただいたロシア・アヴァンギャルドの建築家たちの話にしても、今話にあがった丹下健三やメタボリズムの建築の話にしても、先生の興味の矛先は似ているように思います。一つには、建築のもつ前衛という思考の裏にある批評性という点で。もう一つとして、先進国と呼ばれた国々独自が引き受けた時代性と社会構造の中で生まれてきた未来への夢のかたちという点でしょうか……。

八束　ただ、一九六八年の革命を経験したあとの世代は、クリストファー・アレグザンダーの計画学やフリードリヒ・ハイエクの経済学などの影響を受けてか、アンチ・前衛なわけですよ。その際の彼らにとっての前衛とは、まさに計画的な理性のことを指している。今度出る『汎計画学』で取り上げているけど、コンストラクティヴィズム批判なんですね。それはトップダウン型思考だというわけで。ただ僕は、やはり一九六八年のちょうど端境期にいたこともあって、ボトムアップ理論に対し批判的な部分ももっていたわけです。今では前衛とか後衛という二項対立は古い構図ですが、学生時代にこうした双方の思想について学んでいたので、こうした批判的な眼差しもできた。とはいえ、ではどのように建築家として、そうした思考をほかの人に説明をするのか？　それが僕らの研究室の課題だったのではないかな？　特に最近の僕の「逆未来学」や「汎計画学」という考え方は、そうした二項対立の図式を再度考え直すためにはいいトレーニングだと思っています。

——こうした建築家としての社会への説明の方法が、一九六八年という時代の中で異なった方向へと向かいました。前衛の改革的な活動と社会運動を混同していってしまったともいえませんか？

八束　トータルなシミュレーションだったからね、革命ごっこと呼ばれようが。僕のいた都市工学科は、理論物理と原子力とともに東大闘争の三大震源地だった。赤軍派もいた。大学二年生のときには、東大の安田講堂の立て籠もり事件も起こった。この状況はテレビで見ていて、何か違うなあ、と思っていました。世代的にも僕らは運動の主導的立場にあったわけではない。もちろん、前にいったように伝説的な全共闘の主導的な役割にあった人たちの活動は見ているけれども、異議申立てのスタンスは異なっていたんだね。ある意味で冷めていたんですよ。アクティビストにはなりきれなかった。同世代の布野さんや三宅さんにもこうした屈折はあるはずです。

——なぜこうした話を聞いたかというと、先ほどの二項対立の話ではありませんが、八束先生は研究室の中でシチュアシオニストのようなボトムアップ型の運動の話をしながらも、トップダウン型の計画について研究をしていましたので、そうしたことにどのようなつながりをもっているのか非常に興味があるわけです。ただ単純にニューアカデミズム的な知識のお遊びではないと思いますので。一方で、こうした問題を真剣に考えてきた一九六八年を経験した世代が、バブルへ突入する過程で都市の読み解き方をすり替えてしまったようにも思います。結果、今まで話してきてもらったラディカルだったはずのアヴァンギャルド（前衛）という問題をお遊びとしての享楽に変えてしまったのではないか？　ともいえないでしょうか？

八束　アヴァンギャルドかラディカルかという二元論は、磯崎さんの「都市破壊業KK」というエッセイの中での「ARATAとSHIN」の会話と同じですね。磯崎さんご自身の心情は、基本的にはアナーキーなわけですね。メタボリズムはアヴァンギャルドであるけれど、磯崎さんはご自身をそれとは異なるラディカルだという。つまり、構築ではなく解体といって、徹底的に異議申立てをしていく。全共闘もそうだけど、壊したあとにどうなったかなんて知ったことではない。構築していくことに加担すれば、体制側へと自ずと方向転換していくというわけです。ただ、解体という行為が意味をもちうるのは特定の歴史的状況においてでしかないから、それが風化していくとあなたがいうようにポーズだけのラディカルになってしまう危険性は否定できない。

磯崎さんは自分を芸術家として位置づけているのに対し、僕が目指す建築家像とは構築的という意味でそうではない。丹下先生はこのスタンスに関しては、僕に近かったように思います。それは『ル・コルビュジエ―生政治としてのユルバニスム』にも出ているテクノクラシーみたいなものにつながっているとはいえるかもしれない。ただ、とはいえ僕の思考も、一九六八年の時代の中での葛藤の結果であるのかもしれませんね。さらにいえば、研究室最後期の研究もその延長線上にあるとも。

――話は変わりますが、先述として『10+1』の創刊号の話があがりましたが、八束研究室にとって大きな関わりがあったのはNo.3のノーテーションの特集だったような気がしています。どの世代の学生たちも参考にしていました。

八束　シチュアシオニストの研究、ノイラートの研究、メタボリズムの建築周辺の研究、アーバンデザインのグラフィカルな表現などとも通じます。さらにいえば一九六〇年代のアート、建築、現代音楽やダンスの記譜法、デザインなど、クリエイティブな世界でキーワードだった不確定性を把握し視覚言語化したいという願望とも通じます。こうした表象化の問題は大学院生の頃から興味があって、どうにかかたちにまとめたいと思っていました。とはいえ、その後も自分で文章にするまでには相当時間がかかりました。もともとは個人的にポール・オトレという社会運動家に興味をもったところから始まっています。ル・コルビュジエの《ムンダネウム》というピラミッド形の建築を見て面白いと感じたのですが、この計画の周辺に出てくる変な形の図式が何がなんだかわかりませんでした。どうもこれがオトレのものだったんだね。

そこで、フランスにおけるコルビュジエ研究の権威かつロシア・アヴァンギャルドの研究者としても有名なジャン＝ルイ・コーエン（すでに知合いでした）に連絡をとって、《ムンダネウム》のこの奇妙な図について教えてくれないか？　と聞いたんです。そうしたら俺もわからないから、自分の弟子で似たようなことを研究している者がいるので紹介する、ということでエンリコ・シャベルを紹介してもらい『10+1』に書いてもらったのが「国際画像言語―都市計画のためのノーテーション・システム―オットー・ノイラートとCIAM」です。それからノイラートが面白そうだと思い始めました。ただ、やはり、ここでも興味をもっ

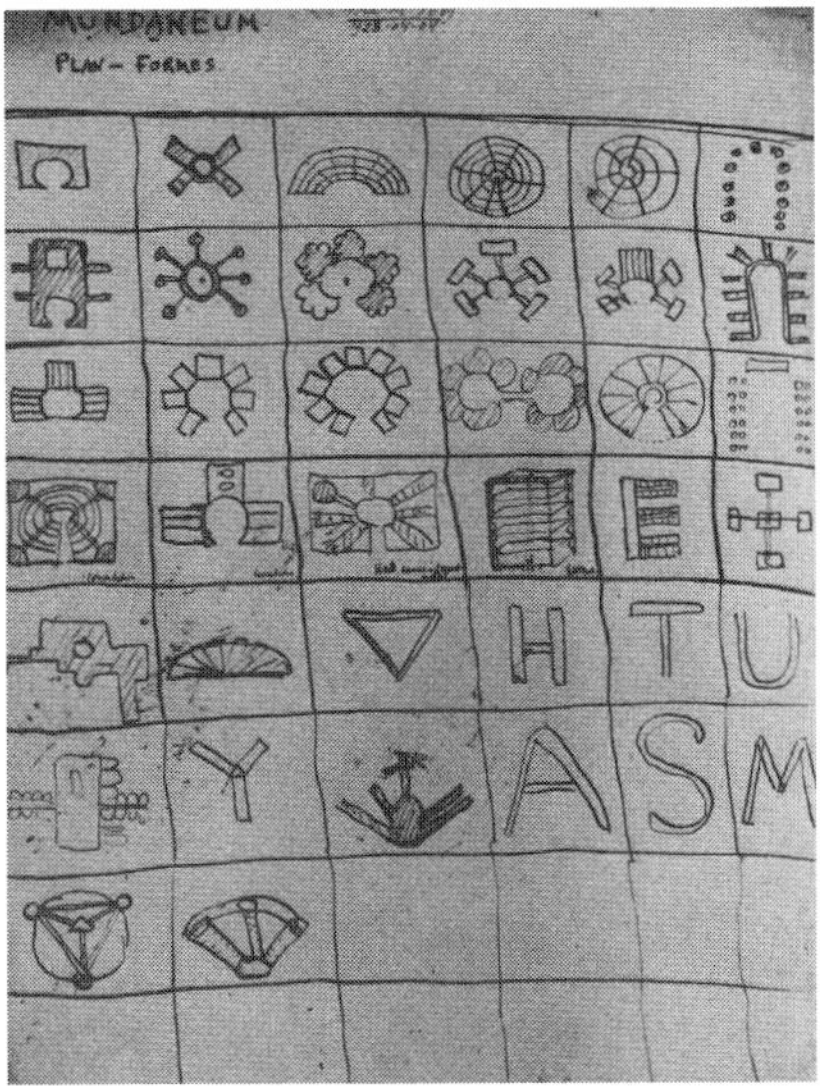

fig. 11　ポール・オトレ《ムンダネウム》の付図

ただけでしばらくはその先に進まなかった。そんな折に、武蔵野美術大学の寺山祐策先生に「本の構成者 エル・リシツキー展」（二〇〇二年）のカタログ『エル・リシツキー――構成者のヴィジョン』（武蔵野美術大学出版局、二〇〇五）の出版記念シンポジウムに呼ばれ、ノイラートについての話に流れて二人の興味が合致し、ノイラート研究が始まったわけです。これはまたあとで話ましょう [fig. 11]。

個人の仕事と研究室の活動

――こうしたノイラートの研究に平行して、コルビュジエをテーマにした八束先生の連載「思想史的連関におけるル・コルビュジエ――1930年代を中心に」が『10+1』で二〇〇五年から始まりますね。八束研究室の活動とこうした日本におけるル・コルビュジエ受容の見直しとはどのような関係があったのでしょうか？

八束　さっきもいったように、僕個人の仕事と研究室の活動は必ずしもリンクしていません。この《ムンダネウム》も取り上げた「思想史的連関におけるル・コルビュジエ――1930年代を中心に」の連載は、だいぶあとになって二〇一三年に書籍化されました（『ル・コルビュジエ――生政治としてのユルバニスム』）。けれど、ああいうことをやっている人は、日本ではほかにほとんどいなかったんじゃないかな？　自分の本の系譜でいうと、『思想としての日本近代建築』があって『メタボリズム・ネクサス』（オーム社、二〇一一）があって、『Hyper den-City』を出したわけです。その次が『汎計画学』になる。『思想としての日本近代建築』を書き終えたあとに、何か物足りなかった。その物足りなさを埋めるためにコルビュジエの連載を始めたわけで、この連載は日本における思想としての建築のあり方に対しての関心を、西洋におきかえてみるとどうなるかに興味があって始まった。

コルビュジエ自体が問題というわけでなく、コルビュジエを狂言回しにして、一九三〇年代のフランスを中心とした西洋の社会や思想がどのように回っていたのか読み解いてみたかったわけです。書籍化にあたって、コルビュジエの後続としてフランスに生きた思想家であるフーコーの描いた一八世紀のバイオポリティクス（生政治）の話についても、何か連関があるのではないのかと踏んでそこだけ新たに書き足しています。この連関を見ようとしたきっかけは、フーコーと近かったポール・ラビノーという人類学者が書いたフランスの植民地とかフランスの社会制度の話（“French Modern” University of Chicago Press, 1995）を読んだことでした。僕たちの世代の少し上の人たちのボトムアップ理論からいうと、コルビュジエも丹下さんもアンチの対象なわけですよね。それに対して違った見方を一緒に考えたかったわけです。

――こうした思考は、「なんでもあり＝なんでもない」と先に先生が述べた状態へのアンチだったわけですね。特にこうした「なんでもあり＝なんでもない」状態は、バブル経済の浮かれ騒ぎの中で起こってきたように思います。先生はこうした状況をどのように見ていましたか？

八束　建築が宙に浮き始めたのは、一九七〇年代の後半以来でしょう。それ以前、メタボリズム時代の建築家たちは建築論を書くわけですよ。黒川紀章しかり、磯崎新しかり、菊竹清訓しかり、槇文彦しかり。篠原一男だってそう。日本に限らず海外の建築家も。今の建築家もよく書いたりしゃべったりはするわけですけれども、じつに根拠のないことを個人の感性の名の下に平然と流通させている。学生のほうも、そもそも本を読めなくなっている。だから無根拠な物いいが流通してしまうのですね。思考の崩壊が起こっているという危機感を覚えます。根拠を聞いてみても、学生だけでなくほかの教員ですらも、はかばかしい答えは返ってこない。面白いと思うからとか、それは答えではない。

ふつうの日本の大学では、設計系の研究室は放任がいいという風潮がある。学生も先生が面倒な課題を出さないことを望んでいる。そのことで時間ができるからね。たとえば、有名事務所にアルバイトにいっていて、あわよくばそこに就職をする。また、数あるコンペに応募して、コンペに受賞すれば、賞金がもらえるだけでなくそれが就職のパスポートになる。そういう設計関係の学生の「理想像」があるけれども、僕はそれがとても嫌だった。それだったら大学院にいかなければいいわけで、アメリカの大学だと週三回スタジオがあったりするので大違い。根拠がないから放任が成立するわけでね。うちの研究室の学生も、ひと頃コンペに勝つ学生が多かったわけです。もちろんコンペをやるなとはいったことはない。でも、その状況を見て、大学にいるからこそできるトレーニングをしなくてはと思っていた。それなら客観的に対峙できる「都市」のほうが、まだ可能性はあると考えたわけです。それはいわゆるまちづくり的な方向とは全然違う。調整型というか予定調和的に都市を語ることには興味がない。

――やはり、誰もが共通言語として読み解くことのできる「都市」という問題を学生たちと考えるというのは面白い発想だったのだなと思い返します。

ちなみに、こうした問題は「なんでもあり＝なんでもない」状態だったともいえるポストモダンの浮かれ騒ぎの時代を問うこととも通ずる話だと思います。モダン以降の問題としてのポスト・モダンを再度考え直さないといけない現状において、真剣に日本の建築史について皆で考えていかないといけないのではないのかと思うわけです。

八束　真のポスト・モダンとか偽りのポスト・モダンとかいう議論をする気はありません。本当に意味があるのは、「モダン」をどう考えるかなのです。皮相的に批判ないし否定するだけなら大した意味がない。天に唾しているに過ぎないのです。それは、モダンに疑問を感じつつもモダンに生きなくてはいけない、という矛盾を引き受けるしかないということです。思想史的な文脈の中でコルビュジエを語ろうとしたのも、都市や計画に関してHyper den-Cityにせよ、逆未来学や汎計画学にせよ語ってきたのも、結局はそういうことだと思っています。

――先生のそうした思想史的なものへの眼差しは、学生たちにも多大な影響を与えたかと思います。結果として、ほかの大学の学生の書いている重箱の隅つつき的な学術論文とは異なり、八束研究室の学生の論文はヴィジョンをもった引用の織物であると思っています。ある意志のもとに、歴史の断片が引用されているわけですね。

八束　意志というより思想といってほしいね。先日、僕は外国人の歴史家に、自分を歴史家であるとは思ってない、といって驚かれた。日本の建築界における歴史学というのは、一般的に実証主義ですね。盲目的な、と付け加えるべきかもしれない。これは大きな問題を孕んでいると思う。単に学会という大きなデータベースにどのように寄与するか、ということでしかないからです。もちろん、新しいデータを付加することは重要でしょう。でも、それだけでは歴史は描かれないわけです。そもそも日本では、多くの歴史家たちは歴史哲学や歴史理論を学んでいないでしょう。

僕にとっては歴史はセオリー（思想）をつくるための素材でしかない。歴史と同じようにコンテンポラリーな事柄も。その点では認識（史的批評）も実践（デザイン）も同じ。それを学生諸君にもわかってもらいたかった。つまらない歴史をやるくらいなら、やらなくていい。もちろん、僕の研究室にくるような人は、将来、歴史家になるような人ではないというのも踏まえたうえでいうのですけれども。卒業して社会に出れば、設計をやるにしろやらないにしろ食うための仕事はそんなに面白い仕事ばかりではあり得ないし、せめて大学にいる間は面白いことをやってほしかったんだね。もちろん、研究室で徹夜をするのは大変だっただろうけど、そうした積み重ねをしていくうちに、建築であれ、都市であれ、国土計画であれ、僕の思考をオーバードライブしてくれるものが出てきたことには驚いているし、刺激的な出来事だった。一方的ではない方向で思考の会話ができたことは素晴らしかったと思う。

09 都市のほうへ

視覚言語から都市リサーチのほうへ

――ここからは、後期の研究室体制が整ってからの話になります。特に、田町に校舎があった頃と豊洲に校舎が移動してから、どのように研究室の体制を整えていったのかお聞かせください。

まず、先述していただいたノイラート研究についてお話をお聞かせください。

八束 ノイラート研究の前提となる視覚言語に興味をもちはじめた頃の話からします。こうした視覚言語への興味は、大学生の頃に遡ります。その興味の理由は、丹下健三生誕百周年記念事業「丹下健三伝統と創造 瀬戸内から世界へ展」（二〇一三年）にあわせ鹿島出版会から出版された『丹下健三を語る――初期から1970年代までの軌跡』の中で、僕が「丹下研究室のアーバンデザイン 1960–1970」として一〇人近くの関係者に聞取りをした際にも繋ぎの文で書いていますが、アーバンデザインを建築と同じ手法でやろうとするとあまりうまくいかないと思っていたからなんですね。また、自分の事務所の仕事の中でも、実現されたわけではないんだけど、都市スケールの仕事はいくつかあったんですが、そうした際にも建築と同じプレゼンテーションではなく、ほかの方法でプレゼンテーションできないかと考えていたわけです。磯崎さんやケヴィン・リンチ、また『日本の都市空間』（彰国社、一九六八）からの影響もあったのでしょう。

そんなことに想いを巡らせながら大学で教鞭をとるようになった折、前回に述べたように『エル・リシツキー――構成者のヴィジョン』のシンポジウムをきっかけにして、武蔵野美術大学の寺山祐策先生たちとの合同研究が始まります。先に述べた『10+1 No.02 特集=ノーテーション／カルトグラフィ』でやり残したノイラートに注目したわけです。寺山先生のほうは、前からノイラートに興味がおありだったようなので、互いの研究室が共同で研究を行うようになり、寺山研究室の修士の学生が二人ほど八束研究室の博士課程に移ってもきました。

——彼らにはどのように研究を進めていくように指導されましたか？

八束　この人たちはすでにノイラートやポール・オトレで修士論文を書いていて、ノイラートが晩年を過ごしたイギリスのレディングという街にも行っていました。ほかにもウィーンに足を運んで研究の蓄積をつくり、博士に進むための足場固めをしていたようです。ふつうなら、そこまで研究の段取りができていたら、そのまま武蔵野美術大学で博士課程に進むわけですが、寺山先生のところではグラフィックオンリーで学位をとらせるのは難しいということで、うちの研究室で引き受けることにしたんです。そこで、彼らを仲介してノイラートの研究会を新宿にある武蔵野美術大学の校舎で行ったわけです[fig.12]。

　オトレに関しても、彼の《ムンダネウム》という施設がベルギーのモンスというところにあって、僕と彼らの一人でそこに見に行きました。僕は、時間がなかったのでざっとこんなものかという程度しか見なかった。コルビュジエの手紙を見つけて喜んだ程度だけれど、彼は一週間くらい通った。最終的には博士論文は書ききれませんでしたが、膨大な資料が未整理なままゴミの山のように積まれていて、そこ

に在住している研究者ですら一〇〇年はかかるだろう代物でしたから、しょうがないかもしれない。

——こうしたことはコルビュジエだけでなく、丹下先生やメタボリズムの話ともつながっているかと思いますので、どのようにオトレやノイラートの資料を読み込んでいったのかお聞かせください。

八束　これも以前話したけど、ノイラートの研究に先駆け、研究室ではシュチュアシオニスト的な研究をしていました。街路空間における空間認知みたいな話ですね。直接シチュアシオニストにあたったかはともかく、都市空間の中にいる人々のアクティビティというか存在モードに関心が向けられていた作業です。彼らの研究活動を見ていて、シチュアシオニストとメタボリストを同時代的な問題として考えないといけないと思ったんですね。同時代の存在でありながら、そしてその一人であるオランダのコンスタントの影響はアーキグラムの作品や思想の中にも現れているようですが、日本には当時届いていない。アーキグラムを通してなら、磯崎さんやメタボリストにも間接的には影響はあったのでしょうけど。ただ、最初からそのような目算があったわけではない。

　こうした考えのきっかけになったのは、武蔵美からの学生がノイラートの研究会の最後の会で、日宣美（日本宣伝美術協会）の佳作案に

なった丹下先生の「東京計画1960」を新聞の全面広告に仕立てた作品[fig.13]を見つけてきたことですね。この作品をつくった人たちは、有名なデザイナーではなかったんですけど、探したらまだ活動をされていたのでインタビューに行ったんです。そうしたら、彼らは新聞という媒体を使って、建築家やグラフィックデザイナーがコラボレーションして記事をつくる、という新しいメディアのあり方をアピールしたかったのだといわれる。これをすごく面白いと思ったんですね。ただ、ノイラートの展覧会カタログには間に合わなかったので、ノイラートと丹下メタボリズムの話を関連づけて語ることまではできなかったわけですが、『10+1 No.50』には載っています。

――ちょうど同じ頃、八束研究室のリサーチ研究の中でも、そのアウトプットとして視覚言語的な表現を使ってリサーチ結果をプレゼンテーションしてくるゼミ生が出てきましたね。これは歴史的なノイラート研究だけでなく、リチャード・バーデットやMVRDV（一九九一年に設立された、ロッテルダムを拠点とするオランダの建築家集団）等同時代の海外のリサーチ研究を研究していた影響もありますね。

八束　ヴェネチア・ビエンナーレでリサーチの視覚化がテーマになった年（『Cities. Architecture and society』2006）があった。それと比べたら

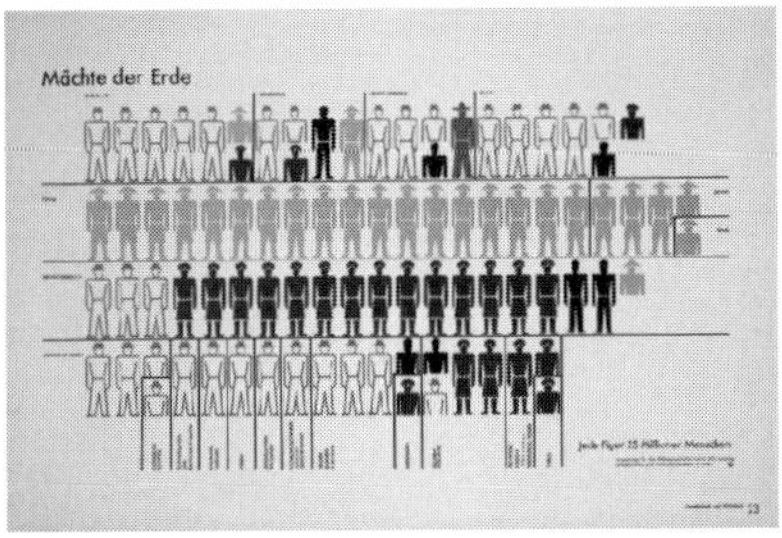

fig.12　ノイラート「ヨーロッパの居住人口」

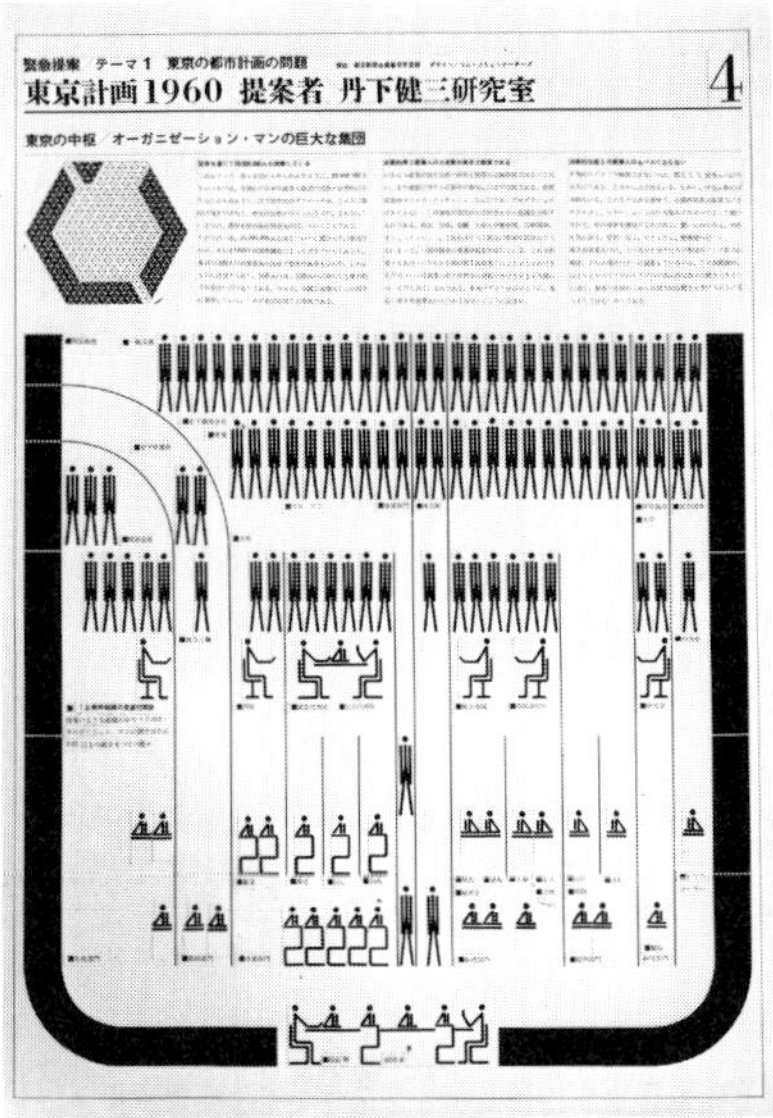

fig.13「東京計画1960」を新聞の全面広告に仕立てた作品

僕らはレイトカマーだったんです。そのヴェネチア・ビエンナーレではノイラートは出てこないんですが、その頃ブルーノ・ラトゥールという科学史家がキュレーションを行った‘Making Things Public: Atmospheres of Democracy’（ZKM Museum for Contemporary Art, 2005）という展覧会ではノイラートが取り上げられていた。それをノイラート研究会の読書会でも読んだりして、いろいろとつながりが見えてきたんですね。どのように歴史的なリサーチを現代的なリサーチとつなげていくかに興味がありました。そこでネーダー・ヴォースギアンというニューヨーク在住のノイラート研究者と知り合った。彼はノイラートだけでなく、ニューヨークではいろいろ興味深いイベントを組織したりしていたんですよ。とても優秀そうな人。「メタボリズムの未来都市展」のゲストとして呼ぶつもりだったんだけど、間際になって来られなくなって残念。

こうした統計的なアプローチの始まりは、ボリュームの集積として都市をとらえ立体棒グラフで表現するという研究でした。日本で一般的にいわれているデザインとは異なり、ヨーロッパではGIS等を使って都市を視覚的にとらえる手段をデザインと呼んでいたんですね。ただ、多くのリサーチは、あくまでもGIS等のシステムの機械的な表現だから、それでどうしたというところがあったんだね。そこで、都市に対してもう少し意識的に働きかける方向にリサーチ概念をシフトさせたいと思ったので、どのような情報を立体棒グラフ的なデザインで表現していくのかを考えました。その際に、担当の学生がMVRDVの“META CITY/DATA TOWN”（010 publishers, 1999）をもってきてゼミ等でも参考事例として紹介していました。

彼はデザインができてOGも達者だったから、機械的なアプローチより数段面白かった。そこから研究室で集積研究と呼ばれることになる流れができた。特に彼らの世代は、都市を読み解くための情報の収集の方法の基礎固めをしてくれたという点でも重要な役割を果たしたと思っています。区役所や図書館等都市を読み解くための資料の数カ所の保管場所に足を運んで、一つのデータの連なりをつくっていました。実際、経年変化で都市の構造特に床量の変遷を見ていくと、行政上の変更でカテゴリーが変わったりで、地続きの研究ができなかったんです。だから、それをつなぎ合わせるのに非常に苦労があった。ただ、そこを踏ん張って資料集めをしたということが研究の礎になっていきました。

——では、そうした基礎研究のうえに、どのような主観性を絡めながら後続の学生たちは研究を進めていったのでしょうか？

八束　その後の「Hyper den-City」につながる超高密度都市への関心ですね。分散化、コンパクト化を目指す世の中の行き方とは逆行していた。たとえば、法律を交えて都市のボリュームや形態を操作する研究とか。都市の形態を決めるものは、デザインよりも法律等の制度だということです。移動時間と集積の関係とか、データを使って仮説的な都市構造のモデルをつくるところまで話が及んだので、非常に面白いと思いました。都市の現状分析の域を超えなかった研究が、次第に蓄積されていき仮説的モデルを組むまでに至ったのは研究室という継続的な体制がなければできなかった。結果として、外国の建築家たちが行ってきたリサーチのモデルを乗り越えることができたと思っています [fig.14]。たとえば、先に話にあがった“DATA TOWN”は、オランダの国土の量を全部分割して、再度統合して立体的に組み上げるとこんなボリュームになってしまう、ということを視覚的驚きとして見せた。それはそれで非常に面白かったわけですが、その後のMVRDVは遊びみたいになっていってしまった。

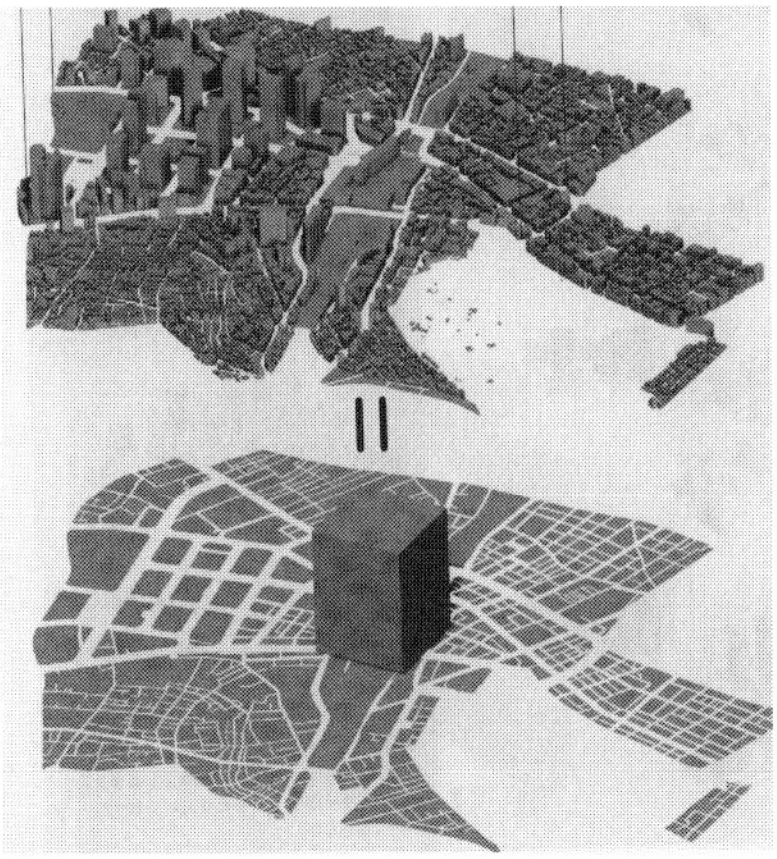

fig.14　超高密度都市への関心

――八束研究室の第三期から第四期の世代は、こうした都市分析の研究をしていると同時に、日本のアーバンデザインの歴史についても研究をしていましたね。

八束　これも僕が行うように指示した記憶はありません。当時、非常勤できていた豊川斎赫氏の影響もあったのじゃないかな。豊川さんの『丹下健三と KENZO TANGE』（オーム社、二〇一三）にも協力していたようですね。もちろん、丹下研究室は僕も出身でもあって、一九六〇年代前半に研究室周辺に組織されたアーバンデザイン研究体のメンバーは、僕が学生の頃の助手の方たちでしたからもともと興味をもっていました。曽根幸一さんとか、森村道美さんとか。そんな折に中島直人さんに出会って、彼は東大都市工学科の歴史を書くために科学研究費がとれたということで、ちょうど一九六〇年代のアーバンデザインという言葉が語られ始めた頃の聞取り作業をしていて、その作業にもうちの学生が同行したりしていました。というような出会いをきっかけに、八束研究室の学生が建築と都市の両面から歴史の聞取り作業を始めたわけです。

　この流れの延長で、伊藤滋さんや蓑原敬さん、尾島俊雄さんにも話を聞きにいきました。特に伊藤さんや蓑原さんへのインタビューは、丹下先生にも影響を与えたであろう一九六〇年代のアメリカの都市計画の歴史を調べ始めた学生がいたことがきっかけでした。アメリカのリージョナルサイエンスや計量経済学をもとにした地域計画とか交通計画とか、ケヴィン・リンチ等のアメリカの都市計画について、当時アメリカに渡った人々に話を伺ったわけです。

当時、ジョイント・センター・フォー・アーバニズムがハーバード大学とMITの中にできたわけですが、そのことについても調べた。ジョイント・センターから、丹下先生はモータリゼーション化し巨大化していく社会における都市計画の手法や計画事例に関する情報を多く仕入れていたのではないのか、ということですね。そこに中島さんにも同行してもらい、聞取り等の協力をしてもらいました。この辺は今作業を始めている『汎計画学』の第二部でまた言及することにしています。

エンサイクロペディア：Tokyo Metabolism 2010

——当時の八束研究室では、こうした歴史的な情報を日本の建築の話に限らず世界史的な布置から読み解いたりする一方で、先に

fig.15『10+1 No.50』

話してもらったような同時代的な都市の問題を語っていたわけです。そのいったんの帰結が、『10+1 No.50 Tokyo Metabolism 2010/50 Years after 1960』（INAX出版、二〇〇八）でした［fig.15］。

八束　僕は当時、そうした多様な事象をつなぎとめておき、プレゼンテーションする手法をエンサイクロペディアと呼んでいました。コルビュジエの連載でも書いていますが、こうした考え方に興味をもったきっかけは、僕がもっと前に『空間思考』（弘文堂、一九八六）を書いていたときに調べた普遍言語に始まります。普遍言語をつくろうとしたネオプラトニストたちは、普遍言語の体系として円環知という発想

をもっていました。この円環知が先にあげたエンサイクロペディアです。「円環」が「エンサイクロ」で、「知」が「ペディア（パエディア）」。一般的には百科事典と訳せますが、ネオプラトニズムの伝統の中ではその世界を読み解くための媒体だった。そのときは建築やデザインとはつながってこなかったのですが、その後になって前にいったオトレの《ムンダネウム》の構想にも直結することがわかってきました。さらにいうと、このオトレとも関係のあったノイラートがエンサイクロペディアという言葉を使っていた。ノイラートのエンサイクロペディアは、ネオプラトニストのいうエンサイクロペディアとは意味が全く違います。ノイラート周辺のウィーン学団は普遍言語（概念）で世界を記述できると考えたわけですが、ノイラートはそれが成就できるとは信じなかった。むしろ思考の連鎖を継ぎ足し継ぎ足してつくっていく思考だった。要するにオープンエンドなわけですね。世界を論理構造で記述することをやめるのではなく、時代を経るごとにバージョンアップさせながらアーカイヴ化していくという方向へ変えていったわけです。

僕らの研究室も、それに倣ってリサーチの積み重ね自体が大きなプロジェクトであり、そのたびごとにバイプロダクトは出していくけれどもつねに現在進行中のかたちをとろうと思ったんですね。僕の退官で終止符が打たれるわけですけれども、そこまでは更新し続けてきたわけです。特に「東京計画2010」は、毎年、完結しないでバージョンアップされていく計画だった。それぞれの研究チームがそれぞれの思考の下に研究を行い、その研究が僕の思考の範疇を超えていくことを期待したのだけれど、こうした大学教育のあり方は、僕の総括としては大成功でした。

——今の話のようなことが土台になって、八束研究室後期の研究体制ができていったわけですね。

八束　『10+1 No.50』の頃には、僕はもうデザインはやらない、といっていました。あくまでも狭義の建築デザインについてですが。同時に、建築批評ももうなくて、都市批評ないし社会批評しかないと吹っ切れていました。「作品」の制作や批評には関心がないと。そのためには、あくまでも都市を観察することから始めさせました。フィールドワークという意味ではありませんけど。もちろん、建築系の学生だから、絵が描きたくなるわけです。でも、絵から入ると逆に見えなくなることがたくさんある。だから、自分は設計系の学生だという意識をいったん清算したうえで考えたほうがいいのではないのか、そのほうがラディカルだと思ったわけです。

——「もうデザインはやらない!!」と先生が学生にいっていた頃の研究室は、日本の都市構造を見ると同時に、世界の中で建築と呼ばれるものがどのように生産され消費されているのかということを見つめていましたね。その結果、それまでの日本の建築関連メディアにおいて、建築と呼ばれてこなかった超高層ビルなどの表面的なデザインではないデザインの動向を見つめていたわけです。つまるところ、スター建築家の建てた建築ではないものを建築と呼んでいました。

八束　「グローバルシティ・スタディーズ」と呼んでいたプロジェクトですね。質よりも量を評価したわけです。超高層に関しては、デザインというよりはプラニングと呼ぶべきだろうね。量が質へと転化することもあるんだ、ということを学生にも伝えたかったんですね。

その理由はいくつかあるんですが、まずは、日本が量より質の時代になってきたという風潮への批判ですね。停滞する都市の状況の中で、ミクロなデザインの話しかしない建築家たちが増えてきた。こうしたスター主義にしか目を向けない建築の状況が世界的な動向なのかというと、中国や韓国等アジアの国々に行くと、政治＝生活と一体になった建築があるわけです。なりすぎかもしれないけど、事態としては新しい事態です。昔は欧米しか追いかけていなかったんですけど、実際は彼ら欧米の建築家が追いかけていた夢がある意味でアジアにすでにできている。たしかに近代化の歪みの集積みたいなところもあると思うけれども、僕はそれが単純にすごいと思ってしまったわけ。思うことにした、というほうが正しいかもしれない。一九六〇年代に日本の建築家が考えていた夢の世界がつくれないわけじゃないと思ったわけです。そんな理由から、世界の都市の動向をまず見ようということになったわけですね。

ミースのシンポジウムにゲストで呼ばれソウルに行ったことがきっかけだったかな……。ソウルの漢江の南に、オリンピック以降にできた集合住宅群に圧倒された。単なるコマーシャリズムとかいうようには見れなかった。新しい都市の景観だと思ったのです。それと、その後、研究室で海外に研究室旅行に行くようになりましたが、その最初の年に香港に二五年ぶりくらいに行った際に、以前とは全く違う世界が広がっていたことに驚いたんですね。コールハースが「量が質に転化する」という話を『Hyper den-City Tokyo Metabolism 2』（INAX出版、二〇一一）に、僕が翻訳した論考「BIGNESS」の中でも書いていましたが、その現場に立ったときにその意味がよくわかりました。彼の言葉を現実化するようなアジアのリアリティがそこにはあったわけです。ある量が臨界点を超えると、それは「善悪の彼岸」を超える、と彼はニーチェみたいなことをいうんですね。そこに興味をもったわけです。

ちなみに、これも『10+1 No.50』の中で翻訳したコールハースの「シンガポール」論という論考があるんですが、彼はそうした量の話を丹下さんやメタボリズムとつなげて語った。書かれたのは九〇年代の初頭ですね。圧倒的に先駆的だったと思う。ほかにも、未完だったこともあって誰も目をつけていないけど“S.M.L.XL.”（Monacelli Press, 1995）

の中に"Delirious New York"(Monacelli Press,1978)の次に書籍化が予定されていた「ヒューストン」論があって、これも同じような観点で興味を惹かれた。そうした影響が大きいかもしれない。これは否定するつもりはない。磯崎さんには八束はコールハースの目眩ましにあったとか揶揄されたんだけれど、そこを譲るつもりはない。単なるイコン建築をつくるよりずっと重要なことだと思う。最初はこうした非建築家的な現象に学生諸君が共感できるか不安だったんですが、話が通じていたと思いますよ。八束研究室はあまり詳しい指導をしない、僕自身も目算が立たないままに、キーコンセプトを学生に投げていただけ。けれども、誰が僕のキーコンセプトを拾うかはわからないけど必ず反応があるわけです。そこが面白かったね。

――「質から量へ」ということを考えていた頃の研究は、海外の事例を見るということに終始せず、国内外問わず経済や法規の点から都市計画について見ていることが多かったように思います。その中で海外と国内の都市計画の問題の所在とその違いについて見ていたように思います。

八束　たとえば、都市財政とかをやる人も出てきましたね。丹下研究室もそうだけど、リサーチとデザインを分業にするというか、彼らのような経済や政治等に関心のある人材がリサーチと設計の体制を組み合わせるというやり方が案外うまく機能するかもしれないということで、その下の世代からリサーチ班という特化したチームをつくろうと思ったわけです。そのために、この人たちの仕事は直接的なつながりがあったわけではないけれど、結果としてその後に続いている。それらは、ある意味のちの国土計画批判である「逆未来学」とか、グローバリゼーションスタディに引き取られている。「逆未来学」はまた別に話すと思うけど、グローバルのほうだとグローバル資本主義における世界構造の変異を人口移動シミュレーションと産業構造再編成みたいな研究が出てきて、これは「東京計画2010」の背景を分析するかたちでデザイン班の仕事を補完しました。

リサーチに向いていると思われる学生には、卒業設計が終わった時点で個別に面談をして、リサーチへとシフトしてもらいました。皆が皆デザインしなくてもいいと思ったわけね。最初から卒業設計はやらないでリサーチに特化している学生も出た。リサーチに向いている学生というのは、一概に設計が苦手だというわけではありません。むしろセンスの悪い人間がリサーチをしても面白くないというのが僕の持論だから。その後には三年生の頃から授業の一環でリサーチを行わせ、その中で何人かを研究室に進学させるというプロセスまでやってみた。大学院から逆算して三年半リサーチをやってみるという実験。三年生では前後左右もわからない状態で、いきなり数字と向き合うことになるので大変だったと思います。基本ルーティンワークだしね。昔の論語の丸暗記みたいな教育法だけれど。でも大量の数字の打込み作業をすることで、人生観が変わるみたいなところはあったみたい。もちろん、すべての学生ではありませんが。表面的なデザインだけの卒業設計であれば意味がないとも思うので、この実験が持続すればいいなと思っていました。

――そうした都市を量で俯瞰するために、ひたすら数字を入力する作業を行うようになったのはいつ頃からでしょうか？

八束　それは最後の四年くらい。設計班にいた人の論文等は、後輩たちが協力をしてデータづくりを行っていたようですね。リサーチ班のはしりというか。それはいいことだった。巨大な都市空間や複雑な現象を考えるにはかなりのデータ量が、したがってその処理には人力がいるわけですが、それを通して継続的に考えるベースをつくるということに寄与する。都市空間を考えるということは、まずは量について考えないといけない。そのことが肌でわかったのではないでしょうか？　量や効率より質とかいって表面を触っているよりはるかに意義がある、ということが数字の背後で感じとれるようになる。僕はそれもセンスだと思っている。設計だってリサーチだって、手に豆を食わさないようだとセンス自体が涵養されない。自由な発想でデザインとかいっても、それだけでは砂上の楼閣でしかない。そこは今の設計教育に欠けている問題だと思います。

　もっともこれは日本だけのことではなくて、中国や韓国等アジアの国々でもそうなのですが、建築教育に携わっている人々が、自分たちの国が針の山のような高層の集合住宅群が建っているにもかかわらず、いまだそうした圧倒的な量を体現した現況には興味がない。先ほども話したミースのシンポジウムの際に、ソウル国立大学の建築の教授陣に漢南の高層集合住宅群の本やパンフレットはないのか？　と尋ねると全く知らない。あれは建築家の仕事ではなくディヴェロッパーの仕事だ、というんですね。じつにもったいない話なんです。建築教育の現場がこういう重要な現象に目を向けていない。そこで、学生がソウルに旅行に行く際は、コールハースのミュージアムを見るよりもハウジングを見たほうが面白い、といったりしています。レムには皮肉ないい方かもしれないけれど。

　こうした反建築的な思想を僕がもつようになったのは、芝浦工業大学の立地からも影響を受けています。芝浦は豊洲に建っているわけですから、そこで学んでいる学生がその立地から影響を受けないのはおかしい。内陸に立地している大学の学生と同じようなことを考えるとしたらおかしい。こうしたことをつねに学生にはいってきました。

ベイエリアスタディーズとネットワークとしての都市

——こうした先生の問いかけに呼応し、ベイエリアでの研究が始まりましたね。

八束 インナーシティと違う都市の構造を見つけようということから始まったのだけれど、彼らのベイエリアスタディーズを通して見えてきたことは、僕の中では今度のオリンピックのメイン会場をどこに計画するのか、という話ともつながっています。僕は、基本的に二〇二〇年の東京オリンピックは要らないという説です。過去の東アジアのオリンピックは、古い首都を近代化するために計画されています。一九六四年の東京然り、一九八〇年のソウル然り、二〇〇四年の北京然りです。一九六四年には、首都高のようなインフラを整備しているし、新幹線もそれに合わせた。その目標となるインフラ開発や都市改造のヴィジョンが今度のオリンピックには全くない。今度のオリンピックをやるための正当性をあえて述べるのであれば、ベイエリアに新しいメガロポリス機能を整備するということ以外にはない。現実に、今回のオリンピックのほとんどの施設が建設される場所は湾岸なんですが、そこまでしかない。せいぜい住宅の建設でしょう？ ベイエリアスタディーズとは、そうしたヴィジョンがない場所の調査から始まったわけです。そして「東京計画2010」へと話がつながっていった。いいかえるなら、リサーチを通して「もう一つの東京」としてのベイエリアが見えてきたわけです。『メタボリズム・ネクサス』にも出てきますが、ベイエリアは戦前の建築家たちが一九四〇年オリンピックを誘致しようとした土地でもありますしね。

——同時期に都市のネットワーク構造を見ていく研究も始まりますね。

八束 それらの研究は、都市の構造が交通網のネットワークにより高密度な状況をつくり出していることを明確にしてくれました。一般的には、電車やその他交通網のネットワークが都市の構造を拡散させているといわれていますが、実際に各拠点となる駅を中心とした居住者の圏域を調べてみると、そうした居住地と職場の関係は都市全体を非常に高密度に結んでいる。それをボロノイ図を利用した駅勢圏で示した研究も出た。他方、単体の建築でも超高層化していくと、やはり交通というかモビリティが決定的要因になる。それは建築というか超建築のタイポロジーとして、エレベータシティとかエスカレータシティというようなものになって「東京計画2010」に取り入れられています。

ただ初期の研究はあくまでもリサーチで、集積モデルをデザインにまでは結びつけていない。それをモデル化あるいはタイプ化しようとした研究が、三次元的な都市構造を考える研究として続いた。彼らはデザイン志望の学生でしたから、エレベータシティの規制とか法規の延長上に、ともにこうした立体高密度集積を展開しました。ともにその後「東京計画2010」のスラブシティやHIC（Hyper Intelligent City）のタワー群のデザインモデルとして受け継がれるようになります。ほかに人工土地研究を発展させたものもあって、これもスラブシティに流れ込んでいます。

——こうしたリサーチと都市のモデルをつくる研究を並走させるに至ったきっかけは何だったのでしょうか？

八束　もともと、僕たちは都市の構造を視覚的に見せるということで研究を進めていました。ノイラート研究の流れですね。しかし、前にもいったように、最初のヴェネチア・ビエンナーレ（二〇〇八年）の日本館企画コンペで、こうしたデータを視覚化して見せる表現は審査員である美術館のキュレーターたちには理解されなかったんですね。表現だとは思われなかったと思う。日本の建築家たちや学生たちにも理解されていないと思います、今なおね。こうした客観的な分析に関心がもたれないという事態は、デザインをする側が知的というより情緒的になってしまったことが原因なのではないかな？　学生たちも課題のプレゼンテーションをする際に、自分はこれをやりたい、というだけでその解答を正当化する論理をもっていない。それにもかかわらず、その延長にある日本の建築は、世の中で実現されていっている。

欧米の建築家たちは、そんな日本の建築が実現されていく構造にエキゾティシズムを感じているだけなのに、それをよしとしてしまっている。もともと欧米では、その社会的な正当性を述べなければ建築が評価されなかったはずだけれど、今ではグローバリズム下でアイコンだけが突出して、つまり交換価値として流通してしまうから、そういう正当性の論理をもたない建築でも面白ければいいみたいなことで海外でもつくられていってしまうしね。そんな空気が漂う社会の中では、僕らの考えていることが評価される基盤はないのかもしれない。とはいえ、海外交流授業をしていて、欧米の人々にもデータを視覚的に表現するだけではなく、それを都市計画として反映させて見せなければいけないとも思ったわけですね。成果物を見せないと評価の土台に乗らないというのかな……。それがデザインに回帰した始まりだったと思います。

——純粋な理論としてのモデルをつくることと、実際の都市のリサーチはどのように交差するのでしょうか？

八束　都市デザインのモデルづくりとリサーチを並走させたのは、丹下先生のような建築家が都市やさらには地域、国土のような大きな構造をどのように読み解いたのかという歴史的関心がきっかけでした。

丹下さんの場合は、地域開発センター等とも協力をして日本列島の地域構造をデータとして読み解いていくわけです。この話は、ノイラートの仕事ともリンクしますね。実際に丹下研周辺ではノイラートは知られていたみたいだし。ですから『日本列島の地域構造』(日本地域開発センター、一九六七)は武蔵美の「ノイラート展」でも取り上げました。ただ、その後の建築家たちは理解しなかったわけですね、そういうのを。僕も先に話したように、研究室を立ち上げるまでは関係づけて話せなかったけれども、戦時経済の中で丹下さんが行ってきたことを調べていると、それが単なる都市計画のポンチ絵ではないということがわかる。戦後の丹下さんの仕事にもつながっていて、丹下さんや浅田さん、大谷さんが広島の計画と同時期に学会に発表していたのは、ほとんど地域経済と広域交通と住宅政策のことばかり。

デザイン(伝統論)は少し遅れて建築ジャーナリズムで展開されるけれど、これはむしろ丹下個人の思想に近い。こっちばかりに注目がいくけれども、研究室の主流は計画論かリサーチですよ。それで丹下研究室にはデザイン班とは別のリサーチ班ができていったわけですね。その後、丹下研究室のデザイン班は、《代々木体育館》の仕事を皮切りにURTECとして外部組織化してしまいますが、リサーチ班はしばらくは大学に残るわけです。そこで、僕もこうしたデザイン班とリサーチ班の関係を自分の大学でも実践してみたいと思ったんですね、意図的にというより結果的に似ていたということだけれども。それが『10+1 No.50』で実験され、『Hyper den-City』へとつながったわけですね。その後の逆末来学も……。

10　メタボリズム研究

——先生がメタボリズムの研究を始めたのはいつ頃からなのでしょうか?

八束　接点ができたのは、前にもいったチャールズ・ジェンクスの『現代建築講義』を黒川紀章さんのために下訳をしたことから。黒川さんとはその後も親しくさせてもらって、建築学会でのコルビュジエ生誕百年の展覧会の企画もご一緒しました。基本的には黒川さんにはずいぶんよくしてもらったと思っています。

その後、『メタボリズム―1960年代日本の建築アヴァンギャルド』（INAX出版、一九九七）が出て、これがいわば第一ラウンド。あとはこれも話した筑波博と花博との関わりが第二ラウンドで、『メタボリズム・ネクサス』や森美術館の展覧会が第三ラウンド。

——このあらためてメタボリズムについて研究され執筆された『メタボリズム・ネクサス』の中で、先生が新たに展開したこととは何だったのでしょうか?

八束　吉松秀樹さんとの共著の最初の本は基本的に作家論です。当時の僕は磯崎さんの『建築の解体』（美術出版社、一九七五）とかの影響下にあったと思うし。けれど『ネクサス』はもっとずっと広い文脈を扱った。『思想としての日本近代建築』の第三部が丹下さんの戦中を扱い、エピローグとして戦後のことも少し書いたのでその続きですね。『思想としての』は作家論じゃ全くない。『ネクサス』は展覧会とも絡んできたので、それよりは個々の作家に比重はありますが、本当は作家論にはもう関心がないのです。作家論をやっている限りは、思想を扱ったとしても対象の思想であって自分の思想ではない。

——こうした一九六〇年代から一九七〇年代にかけてのメタボリズム

の活動の本質的な話を歴史的意義として語る作業は、先生が芝浦工業大学で教鞭をとり始める前の建築系の大学教育の中では行われていませんでしたね。

八束　一九六〇年代のアーバンデザインの話をする人はあまりいなかったでしょう。僕はそれをメタボリズムの歴史研究、作家研究とは別にしたかった。でなければ、それは僕個人の仕事の域を出ないし、前に歴史家のつもりはないといったように、僕は歴史プロパーをする気はないんです。いつも自分をリードする概念を検証するために歴史的素材を使うだけで。この概念のもっとも大きなものは「計画」なわけ。メタボリズムやロシア構成主義に惹かれるのも、意匠的、イメージ的なもの以上に、それが「計画」に主導されているからであり、それが近代というものだと考えているわけです。ポストモダンは、たしかにそれが不信に曝された時代でもある。でもそのオルタナティヴを提示できているかというと全然できてない。

僕は三年生の授業の中で、「建築」はルネッサンスに初めてできた概念であると説明することから始めていました。縮尺図面ができて初めて、すべての設計をコントロール＝計画し得る人間としての建築家が誕生した、ということです。もっというと、近代の「建築」というものは、建築家によって「すべて」がコントロール＝計画されるものなのです。こう定義するとルネッサンス以前の建物は「建築」とはいえないことになる。この議論を敷衍していくと、「すべて」とは、別に建物の全体からディテールまでということだけではすまなくなる。経済も社会も含めてなり得る。その経済や社会といった人間を取り巻く環境を実現していく「インテンション（志向性）」がメタボリズムを含めたモダニズムの建築にはあり、その「方法」が設計を通して表現されていると思うのですね。一九七〇年代以降の建築にはほとんど興味がない、といっているのは、逆にそれ以降、つまりポストモダンにはそうした「インテンション」がないということでもある。こういう話を学生諸君にしているわけでないけれども、彼らはメタボリズム周辺を調べていくうちにこの広がりの違いについては感じていったはずです。そこから東京の集積論の研究とか人工土地の研究にいったから。

——じつは、こうした研究と時を同じくしてレム・コールハースもメタボリズムに興味をもっていて、東京藝術大学先端芸術表現科でコールハースを招聘し、彼を中心とした研究会が開かれていましたね。

八束　AMO（当時）の太田佳代子さんの声がけで始まった企画みたい。その後“Project Japan, Metabolism Talks...”としてまとまっていったものですね。ただ、もともとこの企画はレムがハーバード大学で行っていた‘Project on the City’のような計画をメタボリズムを題材にして日本でもやりたいということで始まった企画だと聞いています。

そこで、太田さんが藝大の木幡和枝さんに相談をして学生が集められたわけです。ただ、木幡さんが建築学科の先生でなかったこともあってか、建築学科の学生はほとんど参加していませんでした。それもあっておそらくあまりうまく進んでいかずに、結局“Project Japan”にはあまり使われなかったみたいだけれど、その最後のほうで僕にもレクチャーをと声がかかった。もともと太田さんとは「TELESCOPE」や熊本アートポリスを一緒にやっていた間柄です。ただ、彼女がヨーロッパに行ってからは音信がなくて、レムがメタボリズムの調査をしているという話は耳に入っていましたけど、この頃は直接の交信はなかった。

でも関係ないわけではなかったらしくて、五十嵐太郎さんがこの研究会でレムの話を聞いて、そこでレムが丹下さんとのつながりで満州の都市計画の話をしたのだそうで、五十嵐さんに「八束さん、レムに満州の話をしましたか?」と聞かれたんですね。僕はレムが日本に来出した一九九〇年頃には来るたびに会って話をしていましたけれど、この頃は疎遠になっていたのでそんな話を彼にしたことはいっさいなかったんですが、レムは森美術館の「アーキラボ展」のカタログに僕が寄稿した文章を読んで、メタボリズムの活動の原点が戦前・戦中・戦後の連続的な歴史観の中でつくりだされたという僕の説を面白がってくれたみたいなんですね。そんなこんなで、藝大でレクチャーを行ったわけです、うちの学生も連れて。そこから、太田さんとのつながりが復活した。

「メタボリズムの未来都市展」

——この会への参加を皮切りに、メタボリズムについて歴史的に再度考え直そうと思ったのでしょうか?

八束 いやそれはもっと前から。藝大のレクチャーより前に、さっきいったレムの『シンガポール論』を読んでいましたけどね……。それとの前後は覚えていないけれども、二〇〇五年の『思想としての日本近代建築』には、坂倉準三や前川國男の満州の計画や内田祥文や丹下健三等次の世代のことを書いたわけですが、その延長にメタボリズムのことは考えてはいました。ただ、その時点では終戦でほぼ根気が尽きていて、戦後は布野修司さんの『戦後建築の終焉—世紀末建築論ノート』(れんが書房新社、一九九五)があるからいいとドロップアウトして、『10+1』でコルビュジエの連載に方向転換を始めたわけです。もちろん、話としてはつながる内容なんですけど。それが大学にいった前後。だから初期の研究室の学生たちには、メタボリズムの研究をした人はいなかった。

さっきいった「アーキラボ展」のテクストは例外で、『ネクサス』のキーワードになったスーパーエゴとかアルターエゴというい方はここで使っています。もっとも満州に注目したのは森美術館の展覧会なんかで親交を深めたセン・クワンも同じで、彼もその頃書いていたみたいですね。たぶん相互に独立的だと思うけど。それと、前にいったように、豊川さんの仕事とも出会ったわけだけれども、彼の研究で一番評価すべきは、丹下さんを前にいったトータルなプランナーとして論じたことだと僕は思った。それで『メタボリズム・ネクサス』を書き始めたのだけれど、そもそもあれは英語で書き始めた。レムたちのプロジェクトは当時知らなかったのではないかと思う。もう国内よりは海外で読んでもらおうと思ったわけ。今日に至るまで英語版の出版は果たせていないけれどね。

そうこうしているうちに「メタボリズムの未来都市展」の話が森美術館の南条史生館長からありました。『ネクサス』を書いていることはご存じなくて、前の『メタボリズム』でそう考えられたのでしょう。そうしたら今度はオーム社さんが来られて、こちらも僕がすでに関わっていることは知らなかったようだけれど、メタボリズム展があるようなので、新しい本を書いてほしいという依頼があった。それで途中まで書けていた英語版から日本語版に切り替えたわけです。同時に、メタボリズム研究会というのを立ち上げて勉強会を始めたわけですが、藝大のこともあったので太田さんと話したりしているうちに「Project Japan」と「メタボリズムの未来都市展」の企画が互いに補完するようになっていきました。レムとハンス・ウルリッヒ・オブリストによるインタビューに付き合うこともして、“Project Japan” の中には結局部分的にしか掲載されなかったけど、大谷幸夫先生とか神谷宏治さん、川口衛さんなどの話の聞取りを手伝いました。僕がレムたちに、後藤新平の話などをレクチャーすることもありました。

展覧会では多くの都市プロジェクトをCG動画にする作業を学生諸君がやってくれました。動画化にあたってはデジタル・ハリウッドとの協働とかもあって、皆楽しかったんじゃないかな。当時、研究室で中核をなしていた定量的な集積論の論文と国土計画をつなげて考えようとしたりもしました。丹下研究室が行った『日本列島の地域構造』や『二十一世紀の日本』（新建築社、一九七一）等のデータリサーチ系のプロジェクトを動画で展示することもできたかもしれませんね。それは惜しかった。まあ、展覧会の中でもあの部分は比重がおかれなかったけど……。ただこの展覧会以降、「東京計画2010」のデザインとリサーチのビジュアル化が並走していったのでよかったと思っています。

——一般的には建築として捉えられないものを通して「建築」を語ろうとしたのはなぜですか？

八束　狭義の建築のというより、トータルな計画という観点からということですね。丹下先生だけでなく、メタボリストもそうしてきました。特に黒川さんがつくった社会工学研究所の初期の仕事はとてもいい仕事ですよ。建築という小さなもの＝artefactだけを通して語れることには限界がありすぎる。しかし、何度もいいますけど、今の建築家たちはそうしたことに興味がないんです。三・一一（東日本大震災）以降の建築家たちの動きを見ても、社会に貢献しているようには見えるんですが、都市や地域の問題を解決するうえでは長期的に全体を見ていかないといけないはずで、個別の住宅とコミュニティ施設の再建だけでいいのかと。見えるものしか見ないでいいのか、もっと抽象的なものを介してではないと地域や国土については語れない、ヴィジョンがなければ都市は本当の意味での再生をしていかないと思うんです。そうしたことを『メタボリズム・ネクサス』を通して書いてみようとは思いました。運動の周辺の話を通して、社会と広義の建築の関係を語りたかったわけです。

――ちなみに、先生が思い描く未来のヴィジョンとはどのようなものですか？　それは、皆で共有できるものだと思いますか？　先生が指導した学生たちとは共有できたと思いますか？

八束　僕は予言者じゃないので、自分の思い描く未来が蓋然性があるとかいうつもりはない。ただ、未来に投企（project）するということは、それ自体が計画の一つのかたちだから、その構造には関心がある。自分のそれだけではなくてね。研究室ではそうしたことを逆未来学というかたちで研究をしてきました。それはまたほかの機会に話すでしょうが、予想はつねに裏切られるものだけれども、予想をしていかないと都市計画はできないというパラドックスをもとに、都市は計画可能か？　という磯崎さん流の問いに対して答えてみたかったわけです。磯崎さんは万博以降そんなものできないと宣言をして、あっさりと建築に撤退してしまったわけですが、僕は、にもかかわらず、その問いはし続けなければならない、と思っているわけ。

　で、その問いの延長上で「東京計画1960」等を見返し、研究室の学生と「東京計画2010」を思考実験として行うわけです。思考実験というのは科学とかいろいろな分野でいわれることだけど、僕に影響を与えたのはイギリスのＳＦのニューウェーブの旗手だったＪ・Ｇ・バラードで、前にいった小松左京さんも自分の作品をそう考えている。小松さんは川添さんなんかとともに日本未来学会の創設メンバーで、彼の子供向きのＳＦには黒川さんのヘリックスが出てきたりするんだけど、彼の仕事が高度成長期のみに有効な脳天気な虚構なんて誰もいえないと思う。「日本沈没」とかいうわけだから。あれは国土がなくなった場合の民族のことを描こうとした、つまり「ネーション」が主題になった思考実験です。バラードの中期の作品でもモダニズムがとり得るある種のいびつな世界を描くんだけれど、「東京計画2010」はそういうものと連動させて考えていました。未来への仮説がもち得る意味を問う実験であって、当たる当たらないの予測ではない。これはバックミンスター・フラーも同じで、彼は予測学的にはオプティミスティックで、二〇世紀の終わり頃には世界の生活水準ははるかに向上して環境・エネルギー問題も解決しているはずだといっている。これは予測としては外れだけれど、それだけで総括すべきだとは思わない。

――「メタボリズムの未来都市展」も含め、研究室の関わった思考実験が海外で評価されることに対しては、先生はどのようにお考えですか？

八束　メタボリズムという言葉のもつ訴求力は今でも衰えていないので、欧米にもっていってもその評価は揺るぎない。ずいぶん多くの西欧の研究者が僕にアプローチしてきたし、今年（二〇二一年）もオーストラリアでシンポジウムが予定され、僕も呼ばれました。コロナで行けはしなかったけれど。当時、メタボリストが考えていたことが現在のアジア諸国ではあるレベルでは実現しつつある。それを追い越そうとすらしている。二〇一三年には台湾で「メタボリズムの未来都市展」の巡回展が行われましたが、森美術館同様、ディヴェロッパーがバックになってメタボリズム的な都市の未来像を後押ししようとした。そうした現状が世界にはあるわけです。

僕もあの展覧会や僕らの思考実験が表に出ていってほしいと思っています。特にアジアの人々には見てもらいたい。ただ、これは背景への理解がいるから難しい。今回、「メタボリズムの未来都市展」を台湾にもっていった際にも、向こうの企画者が日本の若手建築家の仕事とメタボリズム運動をつなげて語ろうとしていたのですが、今までいってきたようにそれは違うと僕は思っているわけ。ましてやヨーロッパにもっていったところで美術史・文化史の枠内でおさまってしまい、日本が戦後の時期に築いてきた建築史の新しい地平が見えなくなってしまうのではないのかと思っています。レムたちの本はさすがにそこに目を向けようとしたと思うけれど、日本ですらコールハースというビッグネームがメタボリズムについて言及することは面白いけれど、という程度の関心だったと思う。

三・一一以降の都市論

――では、先生にとって、メタボリストが目指した「成長」という概念を理解することはどのような意味があったのでしょうか？

八束　彼らは素朴に日本の成長を信じて未来を仮託しようとしたのでしょう。それを冷笑的に捉えることには僕は反対ですが、かといって同じ信念が今なおそのまま有効だとまでは思わない。これは先にいったフラーの未来予測と同じですね。では、それをなぜ「東京計画2010」なんかで基本的な志向性としているかでお答えしたいと思います。一つは研究室とかレクチャーでよく使う、二〇～三〇億のプラスと二〇〇〇～三〇〇〇万のマイナスという数字ですね。日本はこれから世紀の半ばくらいまでに人口が二〇〇〇～三〇〇〇万減るというけれども、世界は二〇～三〇億増える。こうした状況をどう考えるのかということ。そうなると、今の日本の建築家が考えているような目先の計画だけでは対応しきれない。

あと、個人的な意見というか興味として、基本的に「縮退」より「成長」のほうが面白いという感覚があります。しみじみとしたほうに着地していくのはどうも寂しいじゃない（笑）。だいたい縮退状況で生産基地も海外に出てしまい、生産人口も減ってしまうとしたら、社会が予定調和的にソフトランディングするとはとても思えないし。昨今、大野さんのファイバーシティ論や曲解したコンパクトシティ論など「成長」論批判が主流になっているけれど、そもそも僕はへそ曲がりだから主流にのることが嫌いだということもあります。かつて「薔薇色の未来」として冷笑された高度成長論が過度に楽観的だったとしても（もっとも僕は楽観的になれることはある状況下では素晴らしいことだと思っているけれど）、今の状況で縮退がソフトランディングし得ると考えるほうがよほど楽観的すぎると思う。

ただ、そんな膨張論＝Hyper den-City論をやっている最中に三・一一が起こったときには、さすがに学生が動揺するかな、このまま続けていけるかどうかとは思った。すぐに僕は研究室の学生を呼び集めて、そのことの可否をいろいろな角度からディベートをしてもらいました。よくあるやり方ですが、賛成論と反対論に分かれてディベートさせたわけ。まずは、議論からという感じで仕切り直そうと思ったわけです。だけど、驚くくらい彼らは揺らがなかったね。

――研究室の学生を集めて行った議論ですが、その中では三・一一以降の都市におけるエネルギーの問題が論点になったと記憶しています。

八束　状況が状況だけに、学生の中には反原発という人たちもいなくはなかった。僕も逆未来学の論考を書き始めようとしていた矢先だったので、この議論はちょうどいい機会になったと思います。ちなみに、ここでは先ほどの小松左京さんの話を書こうとしています。一九七〇年代当時のSF作家というのは原発にのった人が多かった。未来を描くためには原発が必要だと叫んだわけです。日本SF作家連盟の一員も集団で原発の見学をしてレポートを書いていたし、小松さんもその一人でした。彼が、三・一一以降の最晩年にどのような態度をとったか簡単に述べておくと、小松さんはFukushimaの状況に心を痛めながらも、原発事故により福島の人間は誰も死んではいない、とあえていったわけです。政治家がこのような発言をすれば大問題になるでしょうが、小説家である小松左京がそうしたリスクをとりながらもこの発言をしたことには非常に重みがあると思いました。これは賛成論がいいか反対論がいいかという問題ではない。僕もそんなに確信もっていえることではないと自覚している。だから、学生諸君も、自分の生活や信条とともに言葉が語られていればいいと思っています。だから、そのときの発言に対しては、自由に自分たちの発言をしてもらうようにしました。

ちなみに、あのディベートをやった意味について、いい機会だから述べておきます。これまで、後期の八束研究室では学生諸君にあれだけ短期間でボルテージを上げさせ、それこそハイパーデンシティに物事を考えさせたわけです。それはかなりのストレスだったと思います。同時に、学生たちはその経験を経て社会という現場に出ていくわけですから、そこでは現実が揺り戻しとして彼らにのしかかってくると思います。それを僕にはいわないにせよ、在学中から感じていた人もいたと思います。僕にいわれたから無理矢理やっていたわけではないと思うんだけど、個人の中にそうしたアンビバレントな状況を抱えざるを得なかったことでしょう。そこで、あれだけの社会構造が転換する事件が起こったわけですから、この研究室の活動に引っ張られすぎては辛いだろうなと思い、ああした機会を設けたわけです。ちなみに、この後期の八束研究室のハイテンションを続けられるかというのは、僕自身にもいえる話です。だから、二〇一一年度までが一つの区切りだったのかもしれませんね。

11「Hyper den-City」と「東京計画2010」

「Hyper den-City」

――ここからのテーマは「Hyper den-City」と「東京計画2010」ということでインタビューを進めようと思います。まずは「Hyper den-City」を考え始めたきっかけについて、当時の社会状況や経済状況について、先生が考えていたことなどからお話を伺えますか。また、よく「Hyper den-City」と対比され語られた大野秀敏さんの「コンパクトシティ」論との違いについてお聞かせください。

八束　あんまりはっきりしたきっかけってないんだけど、一つは前にもいったけれども、新しいアーバニズムが起こっているのは日本以外の東アジアである、という意識が「Hyper den-City」につながっていったということ。研究室でまずやっていたのは、東京と香港の比較で高さとか密度とか街区とかをやっていた。それもあってゼミ旅行で外国に行った第一回も香港でした。そういうときに『日経ビジネス』が「もう止まらない東京大膨張」という特集をやって（二〇〇七年一月八日）、ここでもその香港の容積率が言及されていた。東京二三区全域をそれ並み（一〇〇〇％）にすると、日本の全人口がそこだけで入ってしまうというとんでもない仮説です。豊川さんが八束は経済誌ばっかり読んでいるとか書いた時期ですね（笑）。僕はそういうとんでもない話が好きなんで、当時ややバブルが再燃しかかっていていたというコマーシャルなモチベーションが背景にあって『日経ビジネス』が打ち上げた花火であることはよくわかっていたんだけれども、そういうことを越えて詰めてみようかと思った。

大野さんの「ファイバーシティ」は最初から意識していたわけではありません。僕らのはリサーチから始まって最初は計画ではなかったから。「東京計画2010」を始めてからは、いろいろな意味で対照的だからほかでも比較されることは多かったけれど。コンパクトシティの議論では低密ないしは中密で、そこそこのサイズの都市をつくるっていう話のほうが今のメインストリームだよね。けれどもそれは地方都市の論理であって、それはそれでかまわないけど、東京をそういうコンパクトシティにしても始まらない、という気持ちがあって「メガ・コンパクトシティ」みたいなことをいい出したのが、「東京計画2010」だった。

――なぜ東京のことを考えないといけないとお思いになったのですか？

八束　そりゃ東京が好きだったからじゃない？（笑）

――では聞き方を変えますが、「Hyper den-City」と呼ばれる状況が、なぜ日本に必要だったのでしょうか。当時の日本の経済状況から考えると、やはり都心部の再活性化が重要な課題だと考えられていたのですか？　特に「東京計画2010」も高密度都市としてベイエリアを開発していこうという計画でしたが、このときベイエリアを選んだ理由をお聞かせください。

八束　さっきアジアの都市、特に香港の話をしたわけだけれども、一番似ているのは東京の湾岸だと思ったんですよ。丹下先生の「東京計画1960」が東京湾の計画というのももちろんあるし。これは大学とは関係ない話ですが、磯崎アトリエでの最後の仕事がベイエリアにオリンピックをもってくるという構想だったということもあって、港湾局の実態も知っていたし、ある種の親近感というか特別な意識はもっていた。特に我々の大学が豊洲に移転をして、その前の田町だってベイエリアなんだけど、ますますベイのほうに押し出されたわけね。ところが、うちの学生諸君もああいう超高層ばかりがどかーんとあるのはおおむね嫌いなわけ（笑）。ああいうのよりは、小さい住宅の設計とかのほうがやりたいというのがあって。それに対して、前にもいったけれど、君たちはベイエリアで建築の研究・勉強をしているわけなんで、それが内陸の建築の学校で勉強している人たちと同じなのは変だろうとはいってきた。

人のいうことと反対やりたがるのはひねくれものだから、という理由は否定しないけれども、これから少子高齢化をしていった先に関しては、しみじみとした平和裡のソフトランディングなんかあり得ないと思っているので、何かの状況というか条件をひっくり返していかないと問題提起にならない、ということで、それを逆の人口増、「Hyper den-City」という仮説で位置づけてみたわけですね。それで前に述べましたが、ベイエリアのリサーチを始めたのが二〇〇八年頃です。だからベイエリアだけ高層・高密化すればいいのであって、新国立競技場の一件も含めて内陸の東京、インナーシティまで「Hyper den-

City」化すればいい、というふうに思っているわけではない。ザハの建物だってベイエリアにつくったらいいじゃないかと。

——八束研究室でベイエリアのリサーチをした第一世代の次の世代が「東京計画2010」の計画をやり始めたと思います。リサーチ段階では、中島直人先生や今村創平先生が関わって設計課題を行っていたかと思うのですが、その時期と「東京計画2010」の計画が始まってからの考え方の違いについてお聞かせいただけますか。

八束　中島さんたちに関係してもらったのは大学院の設計スタジオで、あのときは槇さんのシンガポールの《Republic Polytechnic》と同じプログラムを現地と豊洲でやる、という課題にしました。シンガポールの現地は低密の住宅地だから、槇さんの計画自体もそんなに高密ではない。で、そういうパラダイムでやってみる班と、豊洲では逆に高密でやってみよう、ということでやった班があって、エレベータシティとかエスカレータシティとか、「東京計画2010」で使われるようなタイポロジーはここで最初に出たんですね[fig.16]。で、翌年モスクワ建築大学Markhとの交換ワークショップのときには、「10km city」という、線状都市を湾沿いに構想するという、大学キャンパスの計画をはるかに上回った規模にエスカレートした。

　これはたぶん、ロシア・アヴァンギャルドと僕の関係にも起因している。線状都市は彼らの好んだスキームだし、いまだにMarkhに行くとペテルスブルクとモスクワの間を全部線状都市にするということをやっている先生もいるわけで、学生の卒計も三m角くらいの図版にドカドカとでかい建物の絵を描く。だからそういうものに対して、彼らはあんまり抵抗がないだろうということでやったわけです。「10km city」はパスポートフリーの、つまり日本であって日本でない都市にしようと考えたんだけれど、そこからグローバル資本主義下での移民のシミュレーションの修士論文なんかにも発展させた学生も出ました。

——その「10km city」みたいな巨大な構造物としての建築についての話がその後の研究室でも検討されていったかと思いますが、こうした他の大学の設計の課題では行われないような巨大なものに課題として取り組む際に、学生たちに話は通じましたか？

八束　ロシア・アヴァンギャルドの線状都市というのは、都市を解体するっていうスキームだから低層のスキームなんですよ。それを高密化したらどうなるかっていうことに意識はあった。「メタボリズムの未来都市展」への関与がその辺でもう始まっていたけど、黒川さんや菊竹さんにも高層の線状っていうイメージはあったから、わりとスムーズにつながったのかな。「東京計画1960」自体が高層高密の線状都市だし。

——ベイエリアで設計をする起点となったものは、大学院の設計スタジオで出題された課題の答えとして先生が語られたメガ建築群だったということですね。これに影響されてか、学部でも高密度モデルのプロトタイプとなった卒業設計が出てきましたね。

八束　それは同じ年（二〇〇七年）ですね。これらのアイデアが面白いと僕が思ったのは、デザインが空間的なコンポジションじゃなくて、垂直の移動手段とか法規のようなデザイン外のファクターがかたちを定義するということ。線状都市だって水平のインフラがそのままかたちになったようなものだから、その部分のあり方としてはとても面白いと思ったわけですね。

卒業設計で出た高密度モデルは、そういうかたちすらもたなくて、ただブロック規模で水平のスラブが積層していくイメージで、そこに水平垂直の穴が開けられることだけがデザインだった。あの頃、僕は槇さんのゴルジ体に関心があったから、もともと香港みたいな超高密都市に関心があったこの学生とはそんな話をしていたんで、それを豊洲でやってみたわけですね［fig.17］。

じつは彼が関心をもった香港の建物に《重慶大厦（Chungking mansion）》という立体迷路みたいな怪しげな建物があって、それをヒントにしている。あれは僕よりこの学生のほうが先に知っていて、香港に行った

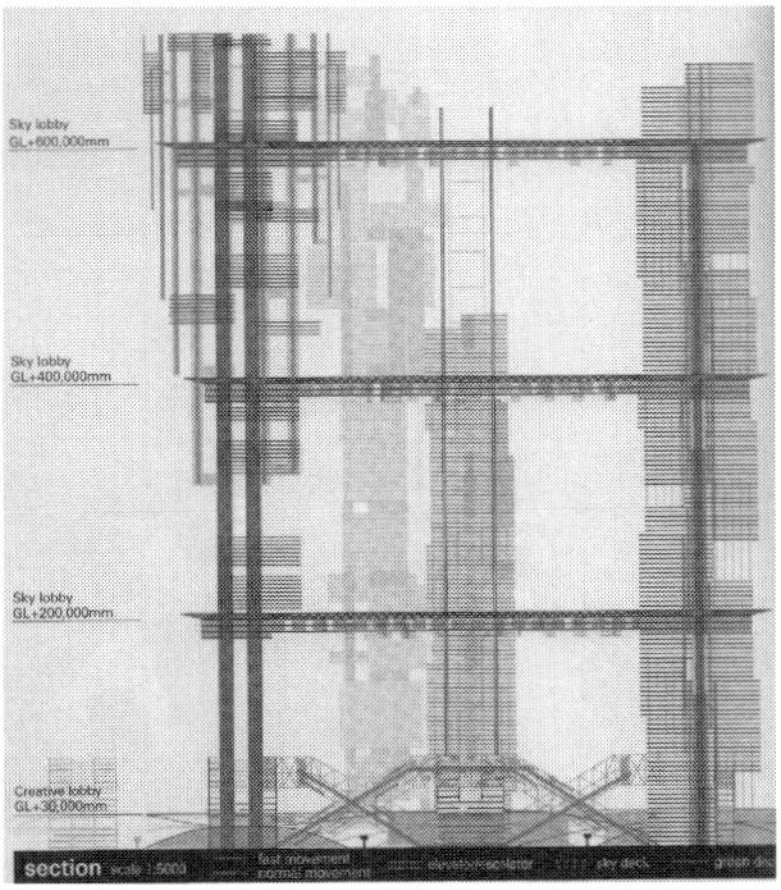

fig.16　エレベータシティとエスカレータシティ

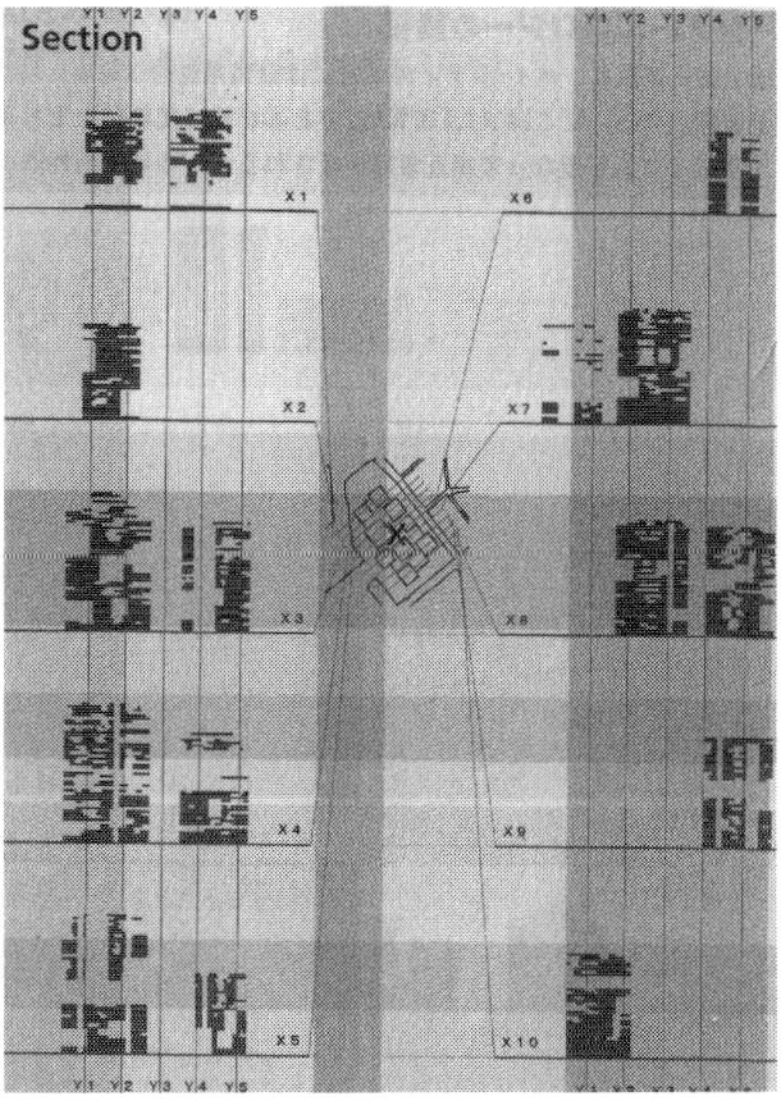

fig.17　スラブシティの先駆

ときにも真っ先に見に行っていた。卒計としては、かたちがなかったからほとんど理解されなかったと思うけど、あれは重要な計画だった。「東京計画2010」のスラブシティの先駆ですね。ただこの卒計もせいぜい地区計画のスケールだった。「10km city」になって、それが連なっていくとどうなり得るのかという、次の課題が出てきたというふうに思います。

「東京計画2010」のタイポロジー

——この計画が「東京計画2010」で羽田近郊の湾岸に計画される「スラブシティ」のもととなるわけですが、このスキームはどのような問題提起だったのでしょうか。

八束　「百倍ドミノ（Dom-ino）」っていういい方をしたんですね、モデルとして[fig.18]。コルビュジエが住宅スケールレベルでドミノっていうスキームを出したのに対して、住宅の一フロアにあたるものが都市計画的な地区というふうに概念変換をするとああなると。つまり、エレベータやエスカレータが建築のかたちとなるのと同じで、何らかの質的・概念的な跳躍がないと面白くない、という気がしていた。ただ数字的に大きくしただけではないんですね。「Hyper den-City」は単なる「high density」と違う、と位置づけていた。「東京計画2010」からは、二〇一一年くらいの修論としていろいろと派生的な研究も生まれた。だからリサーチとデザインはいわば弁証法的な関係があったんですね、それはとてもよかったと思う。

——今の話の中にも出てきましたが「10km city」の次のステップを踏むときに、何が必要だったのか振り返ってお話いただけたらと思います。

八束　「10km city」の世代ではまだ「東京計画2010」という全体像まではいっていなくて、個別のタイプ、たとえば垂直交通と積層化のモデルだったり、立体都市をグループフォームみたいな格好でやったとか、概念的なエクササイズだったので、現実の表情というか都市の景観には戻ってこなかったわけです。

その次の世代は、そういう概念的な部分のエクササイズを経て、「東京計画2010」という敷地とそれなりのプログラムに直していかなきゃいけなかった。大変だったと思いますけど、実感的な生活のレベルで機能するかどうかは別にして、先行世代の個別モデルとは違う都市全体のモデルまでになった[fig.19]。

——スラブシティと異なった都市構造をもつコンテナシティについてお話をお聞かせください。特に、この二つの都市を対立するイメージでつくりだそうとしていましたね。

八束　スラブシティはノースシティで、今の東京下町の都市構成をスケールだけ巨大化したものだけど、コンテナシティはサウスシティで、移民労働者主体の生産都市で、この二つの関係を南北問題とかいっていました[fig.20]。要は今の都市ヴィジョンには生産＝二次産業がない、それは外国にアウトソーシングしただけではすまないだろう。移民を受け入れなければ、資本まで海外に流れて国内には何も残らないということですね。サウスシティはかなり「10km city」のときの線状都市スキームを踏襲しているけれども、線状都市はロシアのもそうだけど、生産ラインをそのまま都市に変えたみたいなところがあった。今でもあの辺は京葉線沿いに生産基地が展開しているし。

——こういうふうに見ていくと、学年横断的な研究として研究する体制を築いていったのだといえますね。この研究室の年齢を問わない横断的な研究体制は、どうして生まれたのでしょうか。また、先生なりにこうした体制がうまく機能して成功したと思われているのかどうか、ということをお聞かせください。

fig.18「百倍ドミノ (Dom-ino)」

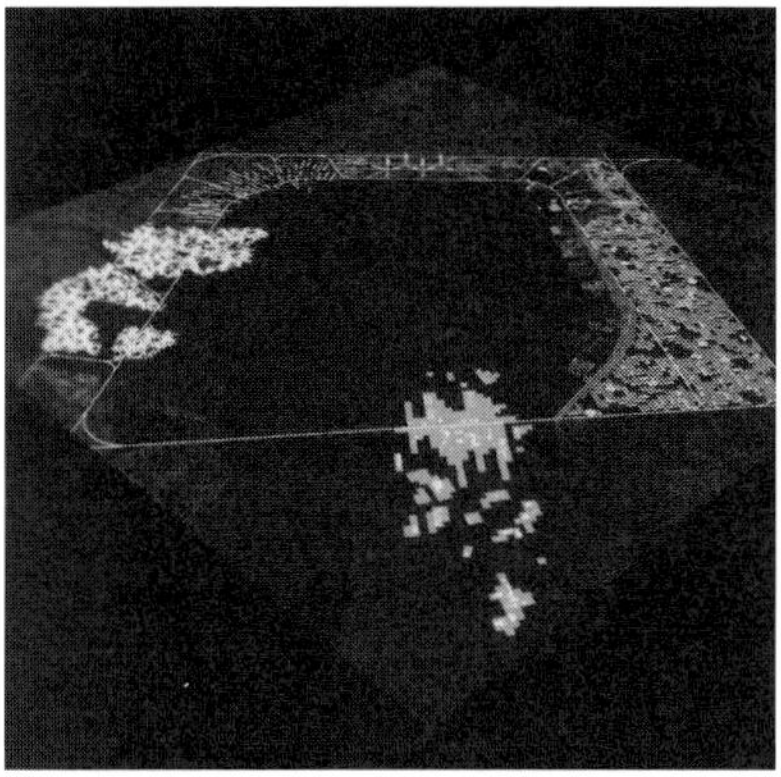
fig.19「東京計画 2010」

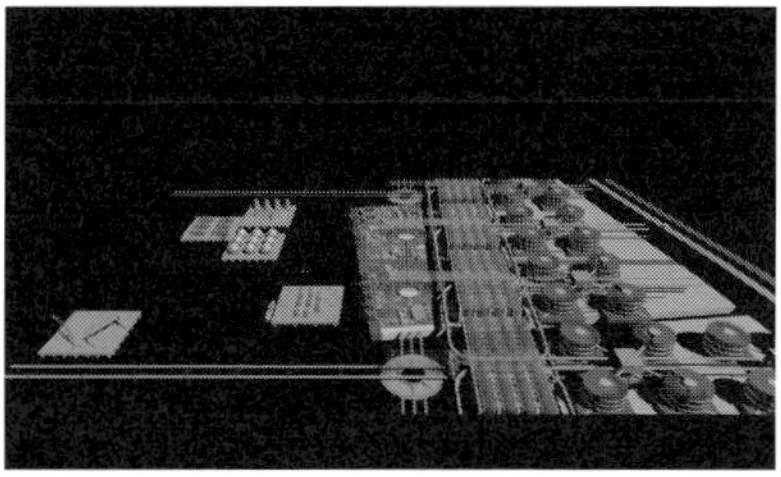
fig.20　コンテナシティ

八束　もうちょっと前に勉強グループとしてサブゼミの体制をつくったんだけれども、これはその年の修論に向けての一年間限定だった。最初は都市ばかりではなかったけれども、次にはもう少し絞り込んで、しかもそれを一年単位じゃなくて、四年から修士二年までいれば三年単位でやれる。その間にデータも蓄積していくしアイデアも成熟していくだろう、という感じもあったし、人をスイッチしていくことでまた次のスプリングボードになるだろうという期待もあった。リサーチのほうだけじゃなくて、「東京計画2010」のデザインのほうも五つの都市があったわけで、それぞれのグループをつくってお互いにアイデアを競ってというのは、とてもうまく機能したんじゃないかな。同じ人がサウスからノースにいったり、別の人がHICにシフトしたり。リサーチのほうも同じようにうまくいったと僕は思っているんだけど。縦断横断両方やったということがうまくいったのは、学生諸君が先輩たちの作業に関して理解と共感があったからでしょうね。

――たとえば、武蔵野美術大学から博士課程で入ってきた人が、プログラミングの組み方を学生に教えると、下の学生たちがそういったツールをうまく使いながら、どういうふうに都市を見ていくかということを覚えていきましたね。それまではただ単に足を使ってやるようなリサーチでしたが……。

八束　僕があんまり事細かにあれやれこれやれみたいに指導しなかったことも、かえってよかったと思う。僕のキャパシティを越えていたということもあったんだけど、ある弾みを与えると彼らがいろいろ考えてそれをディヴェロップしてくれ、それに僕が傍で見ていて、じゃあこういうふうにしたら、とかサジェストするとさらに展開していく。その関係がよかった。

設計の仕方でもそうなんだけど、ボスが全部スケッチをしてしまうやり方と、ボスは基本的なアイデアは提供するけど、スタッフにある程度やらせて、それをまた直していくという二つのやり方があって、僕は建築家としては前者だったということは話しましたね。磯崎さんもそのやり方だったから、それしか知らなかった。ところが丹下さんはそうじゃなかったわけだね。丹下さんのスケッチなんてほとんど残っていないわけで、伊東豊雄さんもわりとスケッチしない。僕は、事務所をやっている間ではそれをどうやっていいか見当がつかなかった。それが研究室では、デザインもリサーチも含めて、間口は目茶苦茶広がっちゃったから、当然そんなものは一人ではできないし、ということで分業体制でやってみたら結構うまく機能した。丹下さんもリサーチとデザイン両方やっていたわけだけど、そうじゃないとできない。それは参加スタッフが優秀、かつ自主性があることが条件ですけどね。

うちの研究室は結構人が多かった。特に、大学院の進学率が高かったでしょ。ほかの研究室、特に建築学科なんてほかの大学院を受ける人が多い。だと、どうしても単年度勝負になる。だけど、うちは他大を受ける人は非常に少なかったし、三年間じっくりとやってくれる人が多かったからとてもうまくいった、偶然なのかもしれないけど。正直あんな過激なことをいって、みんながついてきてくれるとは思ってなかったんだよ、最初は（笑）。でもやってみたらやれると。じゃあもっとやってみようか、という感じでやっていましたね。ただ、相当テンションを要求することではあるので、それは学生たちもそうだし僕もそうだけど、そんなに長くは続かない（笑）。だから、僕も通算で一一年目、こういうやり方をして六、七年目だけど、最後の年は過激度という点では意識的にスローダウンしました。そのまま続けていられたかといわれたら、続けられなかったかもしれない。

――八束研究室の取組みが過激だったということですが、一方で先生は修士の学生たちの授業の中で「都市の全体を伝えることの重要性について、聞き手にどういうふうに伝えるのかということをちゃんと研究しながら考えなさい」といわれていたように記憶しています。都市計画やリサーチとノーテーション（アウトプット）の関係性については、どのようなものとして考えられていたのでしょうか。

八束　それは彼らが勝手に考えたんじゃないかな？　僕が指導したというのじゃなくて。でもモデル志向になるとそうせざるを得ないよね、ある程度。『ル・コルビュジエ―生政治としてのユルバニスム』は、そういう体制ができるちょっと前に連載していた本ですけども、読み返していて、やっぱり僕はモデルをつくるのが好きなんだなっていう気がした。

――「都市のモデル」という言葉を想起すると、どうしても物理的な外形があるという印象を受けてしまいますが、そうではなくて『日本列島の地域構造』のように、データの絵を描くということも「都市のモデル」として捉えてもいいとお考えでしょうか。

八束　こういった類の表現は、かたちが見えなくなるか、抽象的なデータになるかでしょう。今や経済でも環境でも国境で閉じられないようになってきている。移民の話も含めて、当然そんなピースフルなバランスにはならないだろうという気はします。今更な感はありますが、最近は経済学のモデルに関心をもっています。新古典派の経済学というのは均衡モデルで、これに対して均衡―不均衡になったり、均衡が壊れるモデルをもちこんだりという議論がたくさんあって、とても面白いんですよ。その話を空間の話にどれくらいもっていけるかはわからないけど、それが『汎計画学』の主要テーマです。必ずしもかたちになる必要はないと思っています。「見えない都市」ではありませんが。

——話は変わりますが、先生は以前「サリヴァンの 'form ever follows function' は三〇年後のヨーロッパで再発見され、'form follows function' と翻訳されコルビュジエのデザインモデルとしてのデザインにつながった」という話をされていました。この話は、こうした積極的な「誤読」が歴史をつくっていくということを先生は学生たちに意識させるために伝えるためだったのでしょうか？ 逆未来学の話とか「Hyper den-City」で行ったデータ解釈もある種の「誤読」で、「立場によって事実の見え方は変わる」ということを学生たちに伝えようとしていたのではないかと思ったのですが。

八束　いや、別に誤読がどうとかいうのじゃない。そもそもコルビュジエは 'form follows function' とはどこでもいっていないし、サリヴァンをどのくらい知っていたかすらもわからない。あれは機能主義者の系譜とかには関係なく、機能主義はただの功利主義じゃなくて純粋論理によって構成される形式主義として考えられるし、汎計画学的なモデルの一つだといいたかったわけ。建築において form と function って、A であり B じゃない。だからその時代その時代にどういうふうに受け取られてきたかということだけだと思う。二〇世紀はそれがいろいろな分野に蔓延した時代で、かつ純粋論理化してみようとすることは、その純粋論理が仮に現実との関連で有効性があまりなかったりしても、その過程を踏まないでやるのは問題だろう、ということです。

新古典派経済学の均衡経済モデルは現実の経済からいえば空理空論に近いんで、ふつうはそんなことじゃダメとなるのだけれど——建築における機能主義だって同じ——、僕の基本的なスタンスとして、全体のシステムを把握しようとするときに、そういう形式的なフェーズを通さないで経験主義的にやるとどこかで嘘くさく発散していってしまうという気がしているの。都市計画でも全体像を捉えるにはモデル化しないと出てこない。街区とか広場は建築の延長上で経験的に捉えられるけど、全体っていうのはワンランクスケールが違う話なので、そこをどう考えるのかっていうことは、学生諸君にも考えてほしいし、僕も考えないといけないという意識はつねにありました。

未来の都市を構想するうえで考えるべきこと

——ここまでの八束先生が学生たちに与えていたテーマを整理すると、三つに分類できるかと思います。それは「イメージを伝えること」「システム的に都市をつくること」、そして「政治を考慮すること」。

こういった三つのことを学生たちと考えていく中で、学生たちに伝えたかったことはどのようなことだったのでしょうか。

八束　どうなのかな？　そんなに簡単にはいえないけど、僕は学生運動の盛んだった世代で、社会とのつながりを意識するパラダイムを最初から埋め込まれた。当時の政治的な話と現在とをそのままつなげることはもちろんできないけれども、だからといって脱政治化できるとは、あるいはすべきだとは思っていなくて、コルビュジエ本もそのために書いたようなものなんだけど、その点では、僕は学生時代からあまり変わっていないと思う。

――なんで今のような話を聞いたかというと、八束研究室の初期の学生の研究では政治的なことよりも建築そのものの物質性を研究されていました。しかし、その後の研究室では抽象化されているとはいえ、社会性や政治的な話をしながら教えていくスタイルに変わってきたと思っています。ですので、その異なった建築教育における違いは何だったのかお聞かせください。どちらかがいいというわけではないと思うんですけど…。

八束　建築とイデオロギーの関連っていうのは、僕の過去の本の中では主題だけど、それを研究室で押し出したつもりはあんまりないんですよ。それに近いことをやった学生は少ないし。次はいきなり逆未来学というか国土計画批判で、これは政治の話抜きにはできないことなので、政治に傾斜したというよりテーマが変わったからそこにいったということでしょう。

――八束研究室が行ってきた都市計画的なヴィジョンを構築するうえで、政治的な話につながることは、「人口をコントロールする」ことだったと思います。「Hyper den-City な都市像は、時としてディストピア的な未来像とも結びつくこともある」とも先生はおっしゃっていますしね。こうしたイメージの問題を先生はどのようにお考えになり、都市計画、都市のモデルを構想していったのか、お聞かせください。

八束　僕はユートピアという言葉もディストピアという言葉も好きじゃないんだけど、何をもってディストピアとかユートピアとかの判断をするのか、という基準に関してはあまり実感だけに頼るべきではない、フレキシブルに考えないといけないとは思っている。たとえば、日本の都市が積層都市になったのは、せいぜい一九世紀ですよね。江戸末期になるまで、基本的に江戸は平屋だから、天守閣とかを別にすると二階建てすらなかった。その頃の人たちからすれば、地上一〇～一五mに住むということ自体がもうあり得ないディストピアだと思われたに違いないと思うんだけど、今や一〇〜一五mに住んでディストピアと思っている人なんて誰もいない。

あと、たとえば森ビルがやった香港と東京の住民の意識調査の比較によると、日本人は超高層のマンションに住むということに対してまだまだ抵抗がある。子供の心理に問題があるとか、大地から離れちゃいけないとかね。だけど香港の人は全然そんな意識なんかないわけで、抵抗ないんですよ。それに関して僕は、こうあるべきだとかは思わなかったけど、少なくともベイエリアみたいな場所に限っていえば、我々が今そこまでくるとちょっとディストピアだなと思うようなところまで極端に進めてみることぐらいやらないと意味がないと思った。それが嫌な人は内陸の「ファイバーシティ」に住めばいいでしょ、ということでしかない。それに僕は別に反対してないからね。じゃあ、でもそのインフレーションをどんどんやっていくのに、リミットってないのかということに関しては何ともいえない。あるのかもしれないし、ないのかもしれないし。

住環境の極限：拡大するネクサス

――このリミットの問題を、「Hyper den-City」では人工地盤について考えてきたグループが研究対象としていました。住環境の良し悪しに関してリミットがあるのかないのか、ということを。

八束　採光の問題みたいなことがどれほど重要かっていうのは、よくわからないわけね。たとえばSFなんかでは、極端な地下都市が出てくるんですね。何らかの理由で地上には出られないという設定をしたうえで。そうすると採光はもちろんとれない。そういうのに比べれば僕らのは地上都市ですから、ずっとふつうに太陽の恩恵を受け得る。その間に何かリミットを設けるということに対しては、たとえばスラブシティは高さ四〇〇mの積層都市だから、いくらヴォイドを設けても今の我々の感覚からすればわりととんでもない感じにはなると思うけど、じゃあ四〇〇mはダメで二〇〇mはオーケーとかいってもあんまり意味がないとは思っている。どのみち思考実験だから、そういう検証にはあまり意味を見出さない。

――それもあって『Hyper den-City』の中では、歴史的に見て高密度な環境といわれている軍艦島や九龍城の調査研究をされたのですね。

八束　僕の中では軍艦島と九龍城がペアになっていた。九龍城はもうなくなっているけど、昔、九龍城があるときに香港に行っているんで、見に行きゃよかったと後悔しているんだけど後悔先に立たずで。アーロン・タンっていう人がいて、彼がハーバードでコールハースの下で書いた九龍城についての修論があるのね。解体に立ち会いながら書いた論文。ハーバードに行ったときにコピーさせてもらってきて読んだけれど、それは非常に素晴らしい論文で、日本でもレムが主催したアジア都市のシンポジウムで彼はそのプレゼンをやって、上海とかシンガポールとかからきたわりとオフィシャルな立場にいる人たちの大顰蹙を買うんだけど、あれがいけるなら軍艦島くらいは全然オーケーだろうと思って見ていた。

——アーロン・タンの論文は学生たちの必読書になっていましたね。

八束　大学院のハイブリッドの英語の授業で読んでいたけどね、外人相手に。

——それに対して学生はどう反応していましたか？

八束　前にいった重慶マンションを見にいった学生は、九龍城が僕らの視野に入ってきたときにはもう卒業していなかったけど、読んだら九龍城の縮小コピーみたいなものだから、当然ポジティヴに反応したでしょうね。わりと最近、イギリス人の文化人類学的な重慶マンションのリサーチ本を見つけて読んだけれど、企業先導ではないグローバリズムを扱ったものとして出色だった。最近別の本だと思うけど、重慶マンションものの翻訳が出ているみたいですね。一般的に学生諸君が僕の煽りみたいなものに対してどのくらいストレートにリアクションしてくれたかは、ある種の遠慮はあるだろうからわからないんだけど、抵抗なく受け入れられたという感じのほうが強いです。

——ちなみにこの軍艦島の研究は、丹下先生の研究室のOBである阿久井喜孝さんが行いました（『都市住宅』一九七六年五月号「実測軍艦島（序）高密度居住空間の構成」に掲載）が、その調査と視点に対して先生の考えをお聞かせください。

八束　当然面白いなと思っていた。というのは、メタボリストの事務所の出身者の方たちに「メタボリズムの未来都市展」の関係で接することが結構あったんだけど、メタボリストの方たちご本人よりずっと変わっていることが多くて、昔のこととしか捉えていないんですね。同じことが丹下研のOBにもあって、たとえば神谷宏司さんがメドウズたちの『成長の限界』にしびれたとおっしゃって、その後ずっとそういう話をやられているわけね。丹下さんがあの本を読めと神谷さんに勧めたのだそうで、丹下さんご自身がそれをどう受け止めたかはほかに証言がないのでわからないし、阿久井さんが丹下研時代のことをどう総括されているかもわからないけれど、このつながりは面白いと思った。

　というのは、うちの研究室のOB、OGはどうなるんだろうということともつながるわけね。彼らが在学中はああいうハイテンションな話についてきてくれたとしても、卒業して新たな職場環境に入ってどう感じたのかは部分的にしかわからないんだけど、肯定的に受け取っている人とやっぱりあれ違ったと思う人と両方いるんだろう、とは思うんですね。肯定的な人では、たとえば組織事務所にいって中国のプロジェクトに参考になるけど、上司はそれがなかなかわかってくれないとかいっていたし、丹下事務所に就職した人なんかは実際にマカオのカジノの計画をやっているけど、学生時代の研究がとてもいい経験になったとかいっていた。けれど、必ずしもそういう人ばかりではないんだろうしね。そういう意味で、阿久井さんが軍艦島のサーベイをやったということは、どういうふうにその二つを結びつけておられるのか知らないけど、印象的でした。

――今の話にも出てきましたが、『Hyper den-City』という書籍に掲載された諸論考やプロジェクトは、八束先生の中ではメタボリストがやってきた思考実験とある意味連続的な問題だったのだろうなと思います。

八束　成長モデルだからごく自然につながっていた、というのはあんまりいい答えじゃないかなあ（笑）。例のへそ曲がりで、それが流行らなくなっていたからつなげてみようという無理筋はあったかもしれない。

　最初の『メタボリズム――1960年代 日本の建築アヴァンギャルド』は、僕が日本の現代建築に関してまとめて書いた最初の本でもあったわけ。それまで僕は、洋物を書く人だったんですよ。別に洋物に特化していたつもりはなかったんだけど、たしかに和物は書いてなくて、一回くらいは書かなきゃっていう義務感があった。それと、同世代やもう少し若い人たちのメタボリズムに対する総括の仕方には不満があって、これはやっぱり一回ちゃんとやり直さなきゃいけないという意識があったところに話がもちかけられて書いたんで、近代日本建築に対する義務はそれで果たしたというつもりでいたんですね（笑）。もう終わったことに対しての総括をちゃんとしたっていう。

　それからバブルがあって都市が変わって、その後もう一回もっと広い範囲内でやってみようということかな。そういう意味でのつながり方はある。『メタボリズム・ネクサス』はネクサス＝つながりという言葉が入っているくらいで、あれは人的なネクサスもあれば、社会とか政治とかとのつながりもあるという意味で使っているんだけど、はるかにコンテクストが広がっています。あの時代は、典型的なものが結晶した時期だったという感じはもっていて、五〇年後の今でももう一度それは使えるという気はしていた。成長は過去のものという大方の了解とは逆行している（だって残りの世界はどんどん人口増えているんだからね）にせよね。というか、その間に使えるモデルが何もなかったということだと思います。

——『メタボリズム・ネクサス』では、建築の物としての可能性しか見ていなかったそれまでの建築批評に対して、「建築の背景にはそういう広範にわたる事実のつながりがあるんだよ」といいたかったんですよね？

八束　そう思いますね。

——フランスに留学した八束研究室の学生たちは、パリのバンリュー（鉄道郊外）やそこでの低廉住宅などを扱った研究を行いましたね。

八束　あの世代には、僕はバンリューというよりは、戦後のフランスの大開発、大団地（Grand Ensemble）を調べて本を探せといって、パリから本を送らせたんですよ。なんだけど、それをまともに取り上げた研究は誰もしなかった。というのは、フランスではそれはもう完全にアンチの対象でそういう非人間的な高密度再開発は間違いで、むしろ田園都市的なものをやるべきだ、という話が叩き込まれているからそっちに踏み込めなかったんじゃないかな。ただ、最近は少し変わってきているみたいですけどね。

——次の質問に移りますが、「Hyper den-City」を考える際に、もう一つ重要なトピックスがありました。そのトピックスというのが、都市を機能させるためのエネルギーの問題についてです。また、サウスシティについて検討していたメンバーが調査していた食料と都市の関係に関するデータも、ある種のエネルギー問題について調査した成果だといえるでしょう。

八束　それは今や当然の主題だから、特別なことをやったつもりはないんだけど、ただサステナブルというお題目を唱えるだけではダメだとは考えている。たとえば、オランダなんかではそういう関心はものすごく強くあるでしょう？　特に、MVRDVはハノーヴァーのエコロジーEXPOのオランダ館でそういうことをやったりしている。“DATA TOWN”なんかは完全にそういう話で問題を組み立てようとしている。「Pig City」とかね。そういうことを我々も集積班のモデルに入れようとしていた。

逆未来学の最後の年にはこの問題を取り上げた修論もある。メドウズらの『成長の限界』は一つの未来学なんだね。僕は原発に対してはあんまり自分で旗幟鮮明でないんですけど、これも前にいったけれども、フラーが『成長の限界』をあれはマルサス主義だと批判したという話は面白い。フラーや彼を支持する人たちは、宇宙船地球号といったくらいだから生態派だけど、この辺は押さえておきたい。という意味で、逆未来学をやるには、エコロジーあるいはエネルギーの話というのは当然脇にはおいておけないとは思っていました。都市や国土の分析をデータを通してやった場合に、水とか食糧とか人口とかと同時に緒元としてエネルギーを取り上げるというのは、いたって自然な話かなと思うんですけど。ここのところは『汎計画学』の第二部で取り上げたいと思ってはいます。

――そして、最後に「Hyper den-City」を考えるうえで、ネットワークを使って都市を連続的につなげていくことも重要な一つのトピックスとなりました。たとえば、八束研究室では東京から千葉にかけて（葛西から幕張まで）の湾岸エリアに経済特区をつくって、それを循環させるシステムを考えていましたね。その際に、そうしたネットワークを使って面的な構造を都市にもたせていました。また、その都市をつくりあげるうえで、世界規模の人口や経済のフローみたいな問題を課題としておきすえていました。そのためにも、目に見えない世界規模のネットワークの構築について考えようとしていましたね。これは丹下さんの「東京計画1960」とは違う点かなと思っているんですね。丹下さんの話はやっぱり国内の問題で終始している。そういう違いみたいなものを先生は意識的に考えられていたのかどうかお聞かせください。

八束　それはもちろんね。丹下さんの時代にしてみれば、アイデアをアメリカやヨーロッパから入れてくるということはあったにしても、「東京計画1960」自体は完全に国内レベルの話で、その後に東海道になってさらに列島というふうに広がっていくにしても、それを越えてはいない。丹下さんの場合は、大陸への侵出で国境を越えようとした戦中の話がアウトになったという条件から出発というか再出発したわけだからね。僕らのは最初から経済特区みたいな、地理的には国内であっても、ネットワークではそれを超えたものを想定していた。ベイエリアだけがある種の治外法権、別の線状都市ゾーンであって、あそこを巨大な「出島」にするって話は最初からあったんですね。内陸まで全部そういうふうにグローバル化してしまうということはしなくて、密度のことも含めて別にしている。「出島」というのはそういう意味ですね。そこから「東京計画2010」でもHICやカジノシティの話が出てきた、ということはいえると思いますね。このゾーンは日本であって日本ではない。

――ちなみに、私が大学を抜けたあともこの研究は続いたわけですが、その抜けたあとのデザイン班が行ってきたことを私は知らないので、お教えいただければ幸いです。

八束　HICやカジノシティ（KIM CITY）は、J・G・バラード流のいびつというか反道徳的な超近代都市空間（『スーパーカンヌ』〔邦訳新潮社、二〇〇二〕とか）を扱ったわけだけれど、最後の世代ではその逆をいって超高密度でも湾岸でもない郊外を最後の課題として設定したので、どうかっていうのはよくわからない。でも一方でグローバル班があるからね。ただ今のグローバル班は僕が指示していたわけじゃないんだけど、スラムの話になりつつあって、インドとか東南アジアのスラムとかやっている。

「思考実験」としての未来都市

——ここからは「未来の都市」について、八束先生の考えをお聞かせください。「未来の都市」づくりという思考実験と、八束先生がこれまでに言説として考えてきたことが実現へとつながると思ってやっていたのかどうか、ということを聞きたいと思っています。やはり国家が低成長社会に入ったときに、アーキグラムやスーパースタジオのような人たちがヴィジョナリーアーキテクチャーという概念をつくってきたと思うんですが、八束研究室でやってきたことはそれらと同種のものとお考えでしょうか。それとも丹下先生のように、じつはそれをリアルな問題として考えようとした結果なのかどうか。社会を変えられるアジテーションになり得ると思ったのか……。

八束　最初からそうだったわけではないけれども、「思考実験」ということを途中でいいだしてから、リアルということから離れてもかまわないという意識はかなりあったと思います。前にいった、経済学の理論が現実と離れたモデルを構築しようとしていることと同じです。

人類史上、ユートピアと呼ばれているような都市モデルっていっぱいある。それがディストピアと総括されようが、それがもっていた思考実験としての意義というのはあるはずなので、それが現在ないしその延長に容易に想定し得る未来の判断基準に沿って、これが正解、これが不正解という話じゃないと思うんです。そういう意味で、実現可能性のことはあんまり想定していない。ただ実現可能性を想定してソフトランディングモデルをつくるだけのことに食欲がわかなかっただけですね。

——なるほど……。ちなみに、先生は『思想としての日本近代建築』以降、スーパーエゴとしての近代国家を制御するエゴであろうとする建築家像を二〇世紀特有な存在であるとし、こうした近代国家構築を目指した建築家を評価してきたと思います。が、こうした評価を先達に下した八束先生ご自身は、そのような建築家として生きようと思ったのかどうかお聞かせください。

八束　「メタボリズムの未来都市展」のシンポジウムのときにうまくいかなかったけど、レムと僕はそういうプレゼンテーションをしようとしたわけですね。けれども会場からはほとんど理解されなかった。むしろ、たとえば早稲田大学の中川武さんが、それはむしろ古い建築家像でしかないじゃないか、磯崎さんとか菊竹さんは、それに対してアンチを唱えたことに意義があるのではないか、という質問をされたわけですね。今時国家なんて、明治時代じゃあるまいしということだというんでしょう。僕は、菊竹さんはそうだったとは思わないし、磯崎さんはメタボリストの時期もそれ以降もたしかにそういうアンチとしての自分を位置づけてきたと思うけど、それが個人のアーティストとして自分を位置づけ続けてきた磯崎さんのメリットでもあるけれど、同時に限界でもあるというふうに思っていた。

　だから歴史的な構想としてそいつは外せないと思ったし、中川さんみたいな位置づけのほうが逆に旧来のものだと思うんですよ。今じゃあ国家とか社会とかの主体が非常に危ういものになってきているにせよ、それに対して今の建築家みたいに背中を向けちゃうことは、結局職能自体の衰退の証しじゃないかと。でも存在しないものをまともに背負えるわけがない。今更国家を背負えっていったら滑稽でしかないしね。だからそれが存在しなくなってきているにもかかわらず、何を背負うのかというのが次の『汎計画学』で書かなきゃいけないところで、悩んでいるところね、まだ。

——なぜこういう質問をしたかというと、実際に八束研の学生たちがある時期からディヴェロッパーに就職することが多くなり、今までの国家を背負ってきた役人としての下河辺さんたちみたいな役割についていますよね。職業は違えど、実際の都市を動かしている役割を担っているわけですよね。八束研究室のＯＢ、ＯＧに限らず、そういう人たちに対してこの場を借りて何かメッセージを届けられればなあと思います。

八束　建築家の都市像がどんどんシュリンクしているのと同じように、建築家のメンタリティもシュリンクしていって、たかだか個人の空間的な感性をものにするだけの存在でしかなくなっているのはつまらないっていうのが僕にはあって、それを感じたんじゃないですかね、皆さん。僕はそれに対して直接的にはいっていないけど、ディヴェロッパーに就職する人たちが出てきたことはよかったと思っている。コンサルがなかなか出てきていないのは残念だけど、みんながみんなアトリエ派に就職したら、あーあ、昔ながらの設計研究室っていう感じだったなぁと思うね。個々の人がいくのはいいけど全部じゃね。ただディヴェロッパーや役所にいった人たちには、組織に潰されないでほしいとは思いますけどね。

12　逆未来学と汎計画学

逆未来学

——最後となるここからのインタビューは、「逆未来学と汎計画学」というテーマで話していただこうと思います。まず、川添登さんをはじめとする未来学会のメンバーが行ってきたことと、八束先生が考える未来学というものが同じものなのかそれとも違うものなのか。このことについてお聞かせいただければと思います。

八束　逆未来学は新しいタイプの未来学をやろうとしたわけではありません。メタボリズムにしても未来学にしても、高度成長期の過度にオプティミスティックな未来志向があって、それが経済は停滞したら挫折したと一般的にいわれているわけです。僕はその構図自体を批判したかった。高度成長期の脳天気な幻想でしかなかったじゃないか、という冷笑的なスタンスはとるまいと思ったんですね。シニシズムは日本の左翼思想のよくないところだと思うし。未来学批判のそのまた批判みたいなことを考えていた。

当初の思惑としては、計画というのは予測がなければ計画にならないけれど、その予測が実現されたかどうかの理由を探ると、予測自体を構造づけているものが出てくるのかなという考えでスタートしたわけです。当たったかどうかではなくて、その理由を探ることのほうが意味があると。当初は技術論的な話でいけるのかなと思っていた。たとえば一九八〇年代中頃には、リニアモーターカーが整備されるみたいな話を丹下さんもしていたけど、いまだにできていないわけですね。それは何なのかというのは、わりと技術的な問題として解けるんじゃないかと思っていたんだけどそうでもない。そもそも世間的にそういう研究があまりないらしいのですね。実現されない理由として、技術だけではなくて社会的、経済的、政治的要因があるのは当然だから、難しいには違いないんだけど、文科省の外郭で一部やっているけど大した研究ではないみたい。ということで、この目論見自体はあまりうまくいったとはいえない。

ただ、予測というのは予断なしに純粋に客観的なデータだけを積み上げてなされるというわけでもない。たとえば、かなり膨大なシミュレーションをして積み上げたらしいメドウズ夫妻らの『成長の限界』に対して、同じく相当昔からのデータを積み上げてやはりサイバネティクスの手法を用いているバックミンスター・フラーが批判をしているわけです。フラーは、メドウズらはたとえば金属資源は使い回しをしたほうがずっと効率がよいというファクターを考慮に入れていないというようなミクロ・レベルの事柄から、地球が太陽から受け取るエネルギーは人類が使うそれとは比較にならないほどの量があるという、マクロ・レベルの議論までもしながら未来に楽観的なことをいっていました。

彼の「予言」だと、地球人類のほとんどはとっくに裕福な生活水準を享受しているはずだけどそうなってはいないし、エネルギー危機も少しも減じているわけではない。だけども、これをフラーは間違っていてメドウズらは正しかった、というだけですませてよい問題なのかということを考えたいのです。僕もどっちにせよ、彼らの議論を結論だけで云々するような作業の蓄積なんか自分ではしていないわけですが、メドウズらを支持する人々の多くもその作業を追って支持しているわけではなくて、あるいはともすれば本すら読まなくて、それを引合いに出していたりする。地球の資源は有限だから、蕩尽を続ければ限界に達するくらいのことは子供でもいえることです。問題はそれだけで終わるものではないでしょう。

——それは、ごくはじめのほうで話されたことにまた戻りますね。

八束　そう。学校にいた頃の研究としては、とりわけ国家のヴィジョン、つまり国土計画の基底にある価値観というかイデオロギーを批判というか相対化する方向に向かったわけです。一九六〇年代の丹下さんとか地域開発センターとかがしていたある種未来学的な話は、国土計画と並行に走っていたから全然違う方向に走っていったというよりは、同じ発想のもとから二つの方向に考え方がいったということだと思います。

——ということは、「国家」と「国土計画」というのは違うといってもよいのでしょうか。

八束　「国土計画」は国土総合開発法に基づいているから「国家」じゃないとできないわけで、メタボリストや未来学会員たちは下河辺さんに全総の委員には登用されたけれど、当然その主体にはなり得ない。

だけど「国土計画」的なヴィジョン、たとえば「二十一世紀の日本」にせよ何にせよ、それを考えることは「国家」でなくてもできる。制度としての「国土計画」と、構想としての「国土計画」は当然分けて考えられるわけです。

——研究室でやってきた国土計画的なヴィジョンの研究については、八束研究室の第一世代が経済、人口、交通、産業政策の四つの軸をパラレルに考えてきました。この四つの軸について学生たちが考えたことに対して、先生がどう思われたかについてまずお聞きしたいと思います。

八束　あの分担は学生諸君の相互の議論でそう決まったんで、僕は何らサジェストしていない。それは非常にうまくいったと思っているし、でなかったらその後は続かなかったかもね。

——この四つの軸から見えてきたものは何だったでしょうか？

八束　構想とか計画をやるときに、集中・分散とか何らかのパラダイム、価値観を前提としなければできないわけですよ。施策でもそうだけど、その批判だって同じなのね、イデオロギーというか思想なんです。だから国土計画の検証の場合には技術論というよりも、それを方向づけた価値パラダイムというかイデオロギー批判にいく。国土計画は国の施策だから、それへの批判というのは最初からあるわけですね、どっちかというと左翼的なスタンスからの。メタボリズム批判や未来学会批判も基本的に同じスタンスでしょう。そういう国土計画批判というのは、アンチ国家であり、アンチ・トップダウンであり、アンチ集中でありだけど、それと同じになったら面白くないなという感じはあった。左翼的なスタンスだとなんでも資本の論理がといえば批判になる、みたいなところがあったしね。マンハイムの「イデオロギーとユートピア」ではないけど、批判する側はされる側をイデオロギーで、自分のはユートピア、つまり論争の余地ない価値基準だと思いがちなんだけど、それは本当にそうなの、と疑いの目で見るために逆未来学を始めたんですよ、少なくとも僕は。未来学批判のそのまた批判というのはそういう意味です。

ただ、それがあなたの質問のようにはっきり見えたかというと、拾いやすいテーマと拾いにくいテーマがあったとは思います。だから二年目のでいうと、経済成長をやったものに比べて住宅政策なんかは、なかなか逆未来学的なスタンスにはなりずらい。ふつうの意味で住宅政策批判になると、本間義人さんの国土計画批判なんかと同調してしまう。まあそれは仕方ないなという気はする。余暇研究なんかもその辺は難しい。最後に出た環境・エネルギー問題を扱った論文は一応最後に全体の総括が出ているんだけれど、エネルギーや環境がもっとも総括に適したテーマともいえないでしょう。特に福島以来このテーマはとても政治化していったわけだし、批判の批判というのは難しいテーマだったような気はする。

まぁ、そういうことで全面的にうまくいったとはいわないけれど、僕のほうでも具体的な答えがあっていっているわけではないから、当初の目論見とは違っていても仕方がないと思います。僕が一人でやってもとてもあんな厚みのある話はできないから、それが八人でできたことはとてもよかった。集積論はそこまで揃っていないので、うちの研究室の中でそれだけまとまったシリーズというのはなかったわけだから。ただ、僕はイントロをちゃんと書かなければいけないと思いつつ、さらに違う方向の汎計画学にいっちゃったということで(笑)。その回収がどうなるのかというのは、まだ自分の中では解けていない話で、これからの課題です。

トップダウンか、ボトムアップか?

——未来学を考えるうえでは、「世界の計画は可能か?」ということも本質的に問われることなのですが、逆未来学に取り組むにあたりこういった問いを八東先生もたれていたのではありませんか? 世界経済のうえでは、「丹下先生の東京計画は部分でしかないと捉えることができる。その対極的なモデルを逆未来学で構築しようとしていた」と先生がいわれていたように記憶しているのですが……。

八束 そういったかな? あんまり過去の発言に責任もたないようにしているので(笑)。

——では話を少し変えます。すでにお聞きしたことですが、国内に閉じた系の都市モデルを一般的なアーバンデザインのあり方としておきすえ、その対極となる流動的な系の都市モデルを考えるために、逆未来学というリサーチが始まったのでしょうか? また、流動的な系の都市モデルは構築可能なのでしょうか、お聞かせください。

八束 「1960」の社会的前提は国内に留まっているけど、「2010」はグローバル化しているというのはいいましたね。ただ、流動的ということをあなたがどういうイメージで考えているかわからないけど、人口にせよ交通にせよ、あるいは経済にせよグローバル・モビリティのフローみたいなのは現象のトレースであって、計画の前提として見ておくべき事柄ではあるけれど構築するものではないでしょう。それに関するものとして、創発性（emergency）のモデルみたいなのは計画概念としては面白いと思って取り組みました。これをやったのは集積班と呼ばれたグループですね。僕が「設計の設計」をやっていた柄沢祐輔さんや藤村龍至さんたち、それと吉村靖孝さんなんかとやっていた勉強会でこれに近い議論をしていたのを彼らが聞いていたことも影響があったでしょうね。ローレンス・レッシグの“Code: Version 2.0”(Basic Books, 2006)なんかの話を皆がしていたとか。

　ある学生は都市を形成する諸々のファクターのフロー化の中でそういうものをモデル化しようとしたし、ほかの学生はニューヨークの行政と住民の間の関係でこのモデルをもちだした。要するにボトムアップとトップダウンのフィードバック関係が何らかの秩序をつくり出すのではないかという期待。彼自身がどう考えたかは別として、僕は「東京計画1960」はツリーで、それに対してはセミ・ラティスで対抗するべきだというアレグザンダーみたいな話になっちゃったら面白くない――セミ・ラティスだってモデルだからその意味でツリーとむしろ同種でしかないわけだし、逆に純粋なツリー・モデルなんていうものもあり得ないから――と思っていたし、創発性を魔法のキーワードみたいに考えるのも警戒すべきだとはいっていたけれど、ボトムアップとトップダウンの一方だけで話がすむとは思っていない。この辺は、ある意味ではもっと前のシチュアシオニスト研究とかに帰ったともいえるかもしれません。

　ここまではまだ地域計画や都市政策の範疇だけど、それをデザインのレベルまで考えていくと、この流動性問題は六〇年代のキー概念である不確定性の問題につながっていく。「1960」の中に偶然性、つまりはボトムアップ的なファクターを見出している博論も出ました。黒川さんのヘリックスもそうですけれど、あの「1960」の住居メガストラクチャーではデザインされているのは人工地盤までであって、住居は個々の選択に任されている。トップダウン的に決め込んだだけではないということですね。デザイン・計画のシステムとしてトップダウンをタイポロジカルなところまで押さえて、それから先はオープンエンド、つまり変数にするという議論は柄沢祐輔さんが菊竹さんの「か・かた・かたち」に見た変数／関数モデルに近いかもしれない。

――芝浦工業大学八束研究室が最後となる年の研究は、どういうものとして締め括られたのでしょうか。

八束　集積論の創発性モデルと「2010」のカジノシティの新しい試みを統合した、みたいなものがある。前のカジノシティのデザインは、アーキグラムっぽい享楽的なイメージでしかなかった。ま、カジノをまともにデザインしても始まらないでしょう？　それをむしろ、かたちがないマルチエージェントシステムを使ったシミュレーションで、ホテルとカジノと交通と観光客を全部アトム化して応答させてはどうかという思考実験。要素とリンクの流動性だけしかないというかね。これは東大宮のシステム理工学部で人文系の先生たちがやっておられる研究会に、うちの研究室の学生たちが参加してやっていました。僕のイメージは、アーキズームの「ノンストップシティ」みたいな建築じゃないノーテーション分布のようなものになればいいというものだったのだけれど。

　この関連で出たのは論文というより設計だったけれど、一つはかつての原広司研究室のアクティビティ・コンタみたいな感じで、豊洲を敷地にして地域にアクティビティのノード分布みたいな網を被せられないかという話。実際のアクティビティというよりは、それを誘発しそうな原単位を抽出してということでしたね。もう一つは外部空間の話。要するに芦原義信さんのd/hモデルで、これはグラスホッパーを使うと簡単にいろいろ出てくるので、それを現在の新宿とかにやりながら、さらにそれを設計のツールにできないか、ということでした。芦原さんのモデルは古典的な、基本的にはヒューマンスケール、車でないスケールだったときのモデルだから、それを今の東京にもってきてどこまでできるのかと思っていたけど最後は何とかかたちにしたね。ま、ここの部分は一番概念的にラディカルだったと思うし、一九六〇年代とつなげられると思ったのだけれど、時間が足りなくて成熟するには至らなかった。それは一番心残りですね。

　あとはうちとしては例外的に住宅の設計の方法論があって、あれは卒業したあとのことまで考えてやったのかもしれない（笑）。ほかの班がやっていた都市環境の形成フローチャートを書き換えて、住宅設計のレベルでやってという作業ですね。ある種のパターンランゲージみたいな話で、クライアントの参加のメカニズムを考えるボトムアップ的なアプローチでした。藤村龍至さんの超線型理論みたいなものを通して、住宅生産という制度を変革してみたいということだったらしい。

――これらの最後期に行われた研究は「社会制度は可能か?」という問いかけにもつながるかと思います。特にオープンな市場経済の中では、ボトムアップ型の都市計画を行うことが本当に可能なのか、国というものに守られているからボトムアップ型の都市計画ができるのではないか……と。

八束　いろいろあるでしょう、住宅のマーケットから移民政策まで。マーケットや政策をデザインすることは可能かということになるわけだけど。後者だと国家も含めたグローバルフローのほうですね。ちなみに、戦後のアメリカではコンピュータが都市政策の中に導入されるんですね。パソコン以前のことですけれど。それは核攻撃への防衛体制の構築からスライドしていったわけです。防衛問題の専門家が都市政策の中に入り込んでいくんです。ともにさまざまな状況の中で、決断をどうしていくかということのシミュレーションにコンピュータを使っていった。このことは『汎計画学』の第二部で書こうと思っています。政策を束ねる制度は、構築すべきシステムというより条件あるいは枠組みたいなものだから、それをいじるとしたら各々の国家の制度によって保証される国際政治か、僕らのような仮説的な思考実験の中ででしかない。「2010」の前提になっている大移民時代、ディアスポラなんていうのはそれですけどね。

——今、先生がいわれたのは、計画可能な範疇としてネーションステーツという枠組みを設定したうえでの話なのかなと思いながら聞いていたんですが。ただ、グローバルな地球環境の中で、トップというのはたぶんおけないという気がしています。ですから「東京計画2010」の中に位置づけられたHICという都市のような経済特区をネットワークハブとして考えてきたわけですよね？

八束　HICは「2010」の中で極めて例外的なゾーンとして構想されていて、いわばマイク・デーヴィスの“Evil Paradise”的な、ゲーティッド・シティともいえる破れかぶれのものでね。デザインはイメージでしかなくて、タイポロジカルにディヴェロップされたわけではないからさほど重要じゃない。隣のカジノシティとともに、パスポートフリーゾーンとして一種の特区をつくっていて国家のコントロールの埒外にあるわけだけど、そもそも「2010」は格差都市だし、「Hyper density」がきれいごとですんだらつまらない、ということかな。そういえば、集積班の創発性モデルはもともと九龍城という逆ゲーティッド・シティの分析からきていた。スラムは基本的にボトムアップしかない街で、九龍城でトップダウン的な要素は給水とかゴミの収集とかの生活サービスのシステムだけれど、行政ではなくマフィアがそれをやっていたわけだね。HICはその対極だけど、どこかで通じているかもしれない。

——今の話にもつながるんですが、都市計画においてトップダウンは可能か？　という逆の方向からも問いかけさせてください。

八束　トップとかボトムとかは、計画として考えるとスケールの取り方でもあるんじゃないか。地区を一つの全体として見れば、地区計画やまちづくりというものをボトムアップである種の秩序をもたらそうとすれば、それは不可能であるとはいえない。ただ、それで巨大都市の話を同じようなやり方で、あるいはそれをインテグレードすればできるかといえば、そんなことはないでしょう。東浩紀さんなんかは、国家自体を「一般意志2.0」ということで情報を通したボトムアップで運営できるのではないかといっているけれど、彼と話していてもアンチ・トップダウンで、プロ・ボトムアップということではないみたいね。だから可能か可能ではないか、というのは僕にいわせればあまり意味のある問いではなくて、それを考えるときのフィールドのセッティングをどうするかということだけではないかという気がします。

再びユートピア？　の構築について

——いいかえると、そのスケールごとに必要な建築家がいるということをいっているのか、それとも八束先生が目指す建築家という像はもっとほかの次元にあるといっているのか、ということをお聞かせください。

八束　建築家という古色蒼然とした職能がそれに割り込むことが有効かどうか、ということには大変懐疑的ですけど、そのスケールスケールによって全体に関して構想をもつ人は当然いるべきだと思う。本当に責任がもてるかどうかは別ですけど。

僕は、ユートピアという言葉は好きではないということは前にもいったけれど、昔、建築家の職能の中にはユートピアという言葉が書き込まれていると書いたことがあって、仮にほとんど不可能に近いようなことでも、それを構築しようとする意志をもつことは職能的なオブリゲーションなんだとは今でも思う、ニーチェみたいになっちゃうけど。だから、震災復興に参加している建築家たちが、建築には地域は救えないしせいぜいできるのは、みたいに自分たちの職能をものすごく限定しながらやっていることに対しては違和感をもっていた。

ついでにちょっと、逆未来学での基本スタンスあるいは汎計画学のテーマということを含めて、トップダウンとしての計画の問題を話したいんだけど、コルビュジエの本（『ル・コルビュジエ──生政治としてのユルバニスム』）の最後に出てくるんだけれど、ミシェル・フーコーが「国家憎悪」ということをいっているんですよ。監視とか処罰とかいう話から始まって、一八〜一九世紀で権力あるいは統治のあり方がだんだん目に見えないものに変わっていく、そこで生政治みたいなものが成立していくという話なわけだけど、そこで権力に対するスタンスが変わっていくのね。

たとえば、彼が監獄の環境改善の運動とかをドゥルーズなんかと一緒にやっていたのは有名な話だけれども、ドイツの極左テロリストたちの弁護をしていた弁護士がフランスに逃げてきて収監される。この支援運動を二人が陣頭に立ってやるんだけど、その後で齟齬があって、ドゥルーズ、特にガタリがテロリスト自体に対する連帯を表明するんですよ。帝国主義に対するあり得る抵抗の姿だ、と。で、それに対する同意の署名をフーコーに求めるわけですが、フーコーはそれを拒否するんですね。それ以来、晩年彼ら二人は顔を合わせなくなっちゃう。ガタリもそうだけどドゥルーズは最後までアナーキストだし、国家とか体制とかに対して対抗運動をやってきた。ボトムアップなわけね。しかし、フーコーは権力行使、つまり生政治のメカニズムの変容を見つめていくうえで、それでは話が通らないのではないかというふうに思い始めて「国家憎悪」という言葉を使ったんです。管理とか国家とかいうことを全面的な悪というふうに位置づけること自体には意味がない、という結論になってくるわけで、それが巻末に出てくるフーコーによるコルビュジエに対するある種のシンパシーの表明につながるわけだけど、それと関係があるかもしれない。

たとえば『メタボリズム・ネクサス』の帯に書いてくれた文章もそうだったけど、三・一一の前後に磯崎さんが突然、制度の計画みたいなことをいい出したでしょう。正確には三・一一の前からみたいだけど。それに対して大塚英志が「殺したい」という物騒な書評を書いて物議をかもした。大塚は、磯崎は制度を設計するのは建築家の役割だ、ヒトラーやスターリンと同じだととんでもないことをいっている、と書いたわけです。その話を日埜直彦さんとメールでしたんだけど、日埜さんは磯崎さんに対するシンパシーが僕よりあるから、大塚のはただの誤解だという。僕は、磯崎さんの意図がどうであれ、大塚のが誤解であれ、彼の反発はフーコーのいう国家憎悪の一変形としての計画憎悪であって、この問題は我々はまともに引き受けないといけない、というのを『汎計画学』で書きました。管理されたくない、計画されたくないというのは本能的にあることはよくわかるんだけど、人間にとってすごく普遍的な感情か、というと歴史的にもそんなことはないし、生活のあらゆるシーンにおいてそうだということもあり得ないので。

——そうですよね。そんなことといったら、せっかく信号ができたのに信号なんて意味がないという話になってしまう。

八束　汎計画学の礎ができていないこともあって、そういう話は研究室ではしなかったけどね（笑）。研究室のゼミは基本的に学生諸君が話すのであって、僕はそれにコメントをするだけだから。そのほうが面白いじゃない？

あとがき

本書は学生時代から大学を定年退職するまでの私のキャリアを振り返ったインタビュー集である。退職後もう八年近く経っているので、現在のことまでは及んでいない。それは、もともとこの本が、退職時に、まず芝浦工業大学在職中の活動を、教え子の金子祐介くんをインタビュアーとして小冊子にまとめたことに始まるからである。本書の後半部分（第三部）がそれに当たる。それから五年後に、OB、OGの諸君が私の古希のお祝いをライト設計の《自由学園》で催してくれて、この際に大学にいく前の時代を、同じ金子君によるインタビューで小冊子にまとめた。前半部分（第一部および第二部）である。私の中では、大学を超えた読者を想定していなかったから、これで終わりのはずだった。しかし、ご縁があって、鹿島出版会のご好意でその二冊をまとめた書籍として公刊できることになった。ただし、学内向けで考えていたオリジナルの第三部では学生諸君の名前や論文、プロジェクトが言及されている。しかし今回のものではその辺の箇所はカットして一般的な読み物にしている。第一部、第二部でも多少の変更はあるが、それほど大きなものではない。それと最小限の図版を追加し、本の書名や各セクションのタイトルも新規に付け直した。これが本書成立の経緯である。

この本の三つの時期に関わった人々、すなわち、故丹下健三先生、故大谷幸夫先生、そして磯崎新さんという師たちに負っている恩はいうまでもないが、独立してからの事務所を手伝ってくれたスタッフの人たちの努力、最後に私の研究室を介して社会に巣立っていった学生諸君による自由で精力的な作業は、この「遍歴」に交わりながらその途を拡幅していった。彼らを教えただけではなく、私もまた彼らに多くを学んだ。名前があがっていないとはいうものの、彼らなしには私の「今」は存在していない。

書名を「建築的思想の遍歴」としたが、たぶん設計の実務や批評、そして教育活動に至るまでを通しての私の関心の中心は「思想」の問題、つまり何を考えてそれが成立しているかであった。それは建築物でも、建築家個人でも、もっと大きな流れでも同じである。ほぼ半世紀をカバーしている本書の流れの中で、私個人の考えが変化していることも当然あるが、意外に変わっていない部分もある。けれども、論述の対象もまた歴史的な対象であるなら尚更変化していく。それをフォローしていくことが最大の関心だった。それがこの本を読んでくださる読者諸氏の関心とどう交わるかはわからない。特に「思考実験」と題した教員時代のものは、一般的な傾向とは真逆な方向を目指しているから、受け入れるには多少の抵抗をともなうかもしれない。別に賛同してもらえるかどうかが問題ではない。問題を提起できればそれでよいのだ。

一般的にいえば、よい作品評とは、作者や読者に、論じられている作品や言説や現象がそういうことだったのか、と思わせるべきだと私は考えているが、それが今の建築界で求められているようには思えない。しかし、批評というものは、読者に対して、肯定否定はともかく、何某かの抵抗を生じさせなければただの解説と変わらない。インタビューの中で私がある時点から作品評を辞めてしまったと語っているが、作品評がただ作品や作者を美辞麗句で装うことであれば文字通りただの装飾でしかない。これもインタビューでたびたびいっているように、あるいは本当は書名を「あるモダニストの建築的思想の遍歴」としようかと考えたくらいで、私はいまだに自分をモダニストであると考えているから、やはり装飾には意義を見出せない。モダニズムは、今の若い人たちには歴史の彼方に教養の対象として存在しているだけのものかもしれないが、私の「思想的遍歴」は、少し格好をつけていわせてもらえば、それに生命を吹き込む作業の連なりでしかなかったと思う――それが果たされているかどうか別として。

なお、この本の最初の非公式な二冊の制作にあたっては、インタビューを受け持ってくれた金子祐介君のみならず、やはり教え子で今は編集者になっている山道雄太くんに文字起こしから本づくりまでをお世話になった。彼の事情でこの最終段階の書籍化には関わってもらえなかったことは残念だったが、彼なしではここまで至ることはなかっただろうことは述べておきたい。また最終書籍のブックデザインには、これも教え子だった大田暁雄くんと（教え子ではないが）彼の令夫人谷田幸さんにお世話になった。そして書籍化にあたっては、畏友である建築家宇野求さんと大学の先輩である鹿島出版会社長坪内文生さん、そしてずいぶん昔に当時の同社の雑誌『SD』の編集者としてお付合いさせていただいた相川幸二さんの御三方には大変お世話になった。あらためてお礼を申し上げておきたいと思う。

　最後に、この遍歴の行程の三分の一ではあるが、同業の建築家および同じ大学の教員として歩みをともにし、私の「思想」に有形無形の影響を与えてくれた妻松下希和には特段の感謝を表しておきたい。

二〇二一年秋　八束はじめ

著者・インタビュアー略歴

八束はじめ（やつか・はじめ）

一九四八年　山形市生まれ

一九六七年〜七八年　東京大学工学部都市工学科および同大学院博士課程中退

一九七八年〜八二年　磯崎新アトリエ

一九八三年〜　（株）ユーピーエム設立

二〇〇四年〜一四年　芝浦工業大学建築工学科教授（現在名誉教授）

金子祐介（かねこ・ゆうすけ）

一九七八年生まれ。日本大学芸術学部デザイン科（芸術学修士）修了、芝浦工業大学建築学科八束はじめ研究室満期退学、現在、城西国際大学環境社会学部助教。研究分野：建築史、デザイン史を中心に、多領域に交錯するデザインの思想および批評について研究。また、デザイン史学の利活用を目的としたまちづくり・地域ブランディングを展開する。NPO法人景観デザイン支援機構編集委員、デザイン八団体協議会「JDM構想委員会外部オブザーバー。

八束《やつか》はじめインタビュー
建築的思想《けんちくてきしそう》の遍歴《へんれき》

二〇二一年一二月一〇日　第一刷発行

編著者　八束《やつか》はじめ
発行者　坪内文生
発行所　株式会社鹿島出版会
〒104-0028　東京都中央区八重洲2-5-14
電話　03-6202-5200　振替　00160-2-180883

ブックデザイン　谷田 幸
印刷・製本　三美印刷株式会社

ISBN978-4-306-04689-4　C3052
Printed in Japan

本書の内容に関するご意見・ご感想は左記までお寄せください。
URL:https://www.kajima-publishing.co.jp/
e-mail:info@kajima-publishing.co.jp